THE HIGHER HAIR THE THE CLOSER TO JESUS

INHALT

contents

009 Vorwort *Preface*

010 Hochstecken *Updo*

016 Look 1

026 Look 2

032 Flechten *Plaiting*

036 Look 3

046 Red Muse

052 Bürstenmacher *Brush Artisan*

056 Look 4

064 Look 5

072 Mario Krankl

076 Alexandre de Paris

082 Look 6

090 Bastian Casaretto

094 Look 7

106 Look 8

116 Marcus Becks

120 Timeless Beauty

128 Look 9

138 Denise Bredtmann

142 Twisten *Twisting*

146 Look 10

152 Look 11

162 Bertram K

166 Look 12

176 Look 13

184 Toupage *Backcombing*

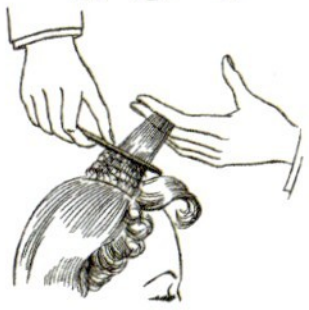

186 Look 14

194 Look 15

204 Patrick Cameron

208 Look 16

216 Valerie-Cecile Christ

"Enjoy Oliver's book.
It's always fun to see long hair styled
in new publications
so add this book to your collection."

Patrick Cameron

THE HIGHER THE HAIR, THE CLOSER TO JESUS

Vorwort - Preface

Ein Augenzwinkern im Titel, ernsthafte step-by-step-Tutorials im Inhalt. Für das erste Buch meiner Hairdo-Serie habe ich das Thema „Hochstecken" ausgewählt.

Warum gerade dieses Thema? Ich komme aus einer österreichischen Friseurdynastie und arbeite selbst seit 25 Jahren als Hair-Artist. Im Laufe der Zeit habe ich gemerkt, dass selbst ich das Thema „Hochstecken" oftmals vernachlässigt habe. Andererseits habe ich als Hair-Stylist aber auch realisiert, dass die meisten Frauen mit längeren Haaren ein großes Bedürfnis haben, mit ihren Haaren zu spielen, etwas Schönes damit zu kreieren. Genau deshalb habe ich mich in meinem Buch diesem Thema angenommen und zeige hier leicht nachvollziehbar die Basics des so genannten Updos. Haare hoch, mit wenig Aufwand, aber großer Wirkung!

Natürlich sollen die Styles nicht allzu schwierig umzusetzen sein, sonst verliert man leicht die Lust. Denn es muss ja vor allem Spaß machen, sich zu verwandeln: in eine Diva, eine Prinzessin, eine Ballkönigin oder einfach in dein elegantestes Selbst.

Die Frisuren, die wir vorstellen, sind weit entfernt von Kringellöckchen und Omas Dutt. Wir stylen im Hier und Jetzt. Nicht zu geleckt, sondern cool, lässig und modern. Gestern noch auf den Laufstegen der Metropolen, heute schon mit euch auf der Straße.

„The Higher the Hair …" zeigt, wie man mit Flechten, Zwirbeln, Twisten, Stecken und wenigen Hilfsmitteln großartige Frisuren entstehen lässt, die den ganzen Abend halten, aber in nur 30 Minuten fertig gestellt sind. Versprochen!

Bedanken möchte ich mich ganz herzlich bei unseren Kooperationspartnern, die an meine Idee geglaubt haben und ohne deren Unterstützung und Engagement dieses Buch nicht entstanden wäre. Der Dank gilt auch meinen großartigen Gast-Artisten, die voller Ideen und Engagement das Buch mit prägten.

So get your tools and work it up.

Oliver Szilagyi

A twinkle in the eye in the title, followed by serious step-by-step tutorials. For the first book in my Hairdo series, I have chosen the theme of „updos".

The reason behind this choice? I come from an Austrian hairdressing dynasty and have been working for the past 25 years as a hair artist. Over the course of time, I have noticed that I myself have often neglected the subject of „updos". In addition, as a hair stylist, I've also realised that most women with long hair have an innate need to play with it; to create something beautiful with their hair. This is precisely why I have taken on this subject in my book, demonstrating the basics of updos, which are very easy to copy. Hair up, with a little effort, but to great effect!

Naturally the styles shouldn't be too difficult to achieve, otherwise it's easy to lose interest. Transforming your look should really be all about having fun; becoming a diva, a princess, the queen of the ball, or simply your most elegant self.

The hairstyles we visualise are worlds away from ringlets and your grandmother's bun. We are styling in the here and now. Not too pristine, but rather cool, nonchalent and modern. Updos on the catwalk one day, styled for the street the next.

„The Higher the Hair…" shows how with a bit of plaiting, twirling, twisting and pinning you can create great styles that need very few accessories, last the whole evening, and only take 30 minutues to do. I promise!

I would like to give a huge thanks to my collaborative partners, who believed in my idea and without whose support and commitment this book would never have come to fruition. Thanks are also due to my fantastic guest artists, who have helped to shape the book with their ideas and dedication.

So get your tools and set your sights high!

HAARE HOCH

Susanne Kranz

Die Silhouette in den Himmel strecken

Je höher das Haar in den Himmel ragt, desto näher kommt man Jesus? So der Titel dieses Buchs. Na ja, guter Satz, aber mit den zehn bis zwanzig Zentimetern Höhengewinn durch das Tragen einer Hochsteckfrisur kommt man dem Himmel nur wenig näher. Andererseits, wenn man sich mit der Historie der Frisuren beschäftigt, wird schnell klar, dass aufwändig gedrehte, geknotete, geflochtene Haare einen näher zu Jesus bringen, als man je gedacht hätte. Man muss in der Geschichte nur circa 2.000 Jahre zurückgehen und schon ist man da. Bei Jesus.

Man kann aber sogar noch viel weiter in die Geschichte zurückreisen, denn der Ursprung der kunstvollen Frisur ist eher in der Zeit der Pharaonen anzusiedeln, im alten Ägypten. Auch wenn es nicht die klassischen Hochsteckfrisuren waren, wie wir sie heute kennen, wurde schon damals das Haar zu wahren Kunstwerken geformt.

Über die große Bedeutung der kunstvollen Haartracht für den Menschen geben Zeichnungen, Keramiken, Gemälde und Skulpturen aus vergangenen Epochen Aufschluss. Aber werfen wir einen Blick in die jüngere Kulturgeschichte, in die Zeit, als die Hochsteckfrisuren zu fast meterhohen Kunstwerken anwuchsen und die Coiffeure als akademische Künstler angesehen wurden – mit Jahreseinkommen, die zum Teil weit über denen der höchsten Staatsdiener lagen. Es fing damit an, dass im Rokoko die Frisuren kunstreicher und umständlicher in ihrer Herstellung wurden. Oft konnten die Zofen die Damen des Hofes mit ihrer Leistung nicht mehr zufrieden stellen. Man braucht den „Friseur". Erstmals durften Männer den Damen die Haare frisieren.

Wo sonst als im eleganten Frankreich konnte diese Entwicklung stattfinden. Schnell wurde einer zum unangefochtenen Star, zum Herrscher über die Köpfe der Pariser Damenwelt. Es war Legros, einst ein einfacher Küchenjunge, der mit Talent, Mut und Geschick das Frisieren der Haare zur hohen Kunst erhob. Er veröffentlichte 1765 ein erstes methodisches Werk über die Kunst, jede Dame nach der Eigenart ihres Charakters zu frisieren und eröffnete gleichzeitig eine Akademie, die wissbegierige Schüler in alle Geheimnisse des Metiers einweihte. Ein Künstler und Geschäftsmann.

Die Frisur steht im Fokus der gesamten Toilette. Die Damen der Gesellschaft versuchten, sich mit immer komplizierteren Aufbauten gegenseitig auszustechen. Erfindungsgabe und Fantasie werden nur noch im Dienste der hohen Coiffure gebraucht. Eine neue Frisur konnte schnell zum gesellschaftlichen Ereignis werden. Und damit auch jeder informiert war, zeigte das Pariser Journal „Courier de la Mode" um 1770 in jeder Ausgabe bis zu hundert verschiedene Frisuren. Innerhalb weniger Jahre war die Zahl der Damencoiffeure allein in Paris auf über 600 gestiegen. Sie wurden verehrt, gefeiert und hofiert, den jede Dame wollte den besten für sich.

Die Exzentrik kannte keine Grenzen. Alle Gebiete der Natur, der Mythologie und sogar des aktuellen Tagesgeschehens lieferten Anregungen für neue Frisuren.

Nichts war so widersinnig und so abgeschmackt, nichts so verkehrt und so sonderbar, dass es nicht zu einer Damenfrisur benutzt worden wäre. Über den komplizierten Unterbauten aus Holz, Draht, Gaze und Rosshaar, die mit dem eigenen Haar und etlichen Haarteilen abgedeckt wurden, tummelten sich Sonne, Mond und Sterne, Meere und Wälder, Tier und Menschen. Alles in die Kunstwerke aus Haar eingearbeitet. Aufbauten bis zum Vierfachen der Kopflänge waren keine Seltenheit. Heute noch oft abgebildet ist die Fregatte „La belle Poule" unter vollen Segeln, wie sie die junge Marie Antoinette zur Schau trug. Das Kunstwerk aus Draht und Haar war über 60 cm hoch und genauso breit. Marie wurde 1774 mit fünfzehn Jahren Königin von Frankreich. Sie war besessen von ihrem Aussehen und gab bereits im ersten Jahr nach ihrer Thronbesteigung 300.000 Francs allein für Kopfschmuck, Putz und Tand aus. Damals eine unvorstellbar hohe Summe. Da alle Damen des Landes der Königin nacheiferten und den gleichen Luxus in Mode und Coiffure zur Schau stellen wollten, wurde die Monarchin sogar beschuldigt, dass sie durch ihre Launen der Verschwendung Vorschub leiste und den finanziellen Ruin Frankreichs befördere. Die große Toilette wurde Staatsangelegenheit.

Ihr Coiffeur war Léonard Autier, der berühmte, der große Léonard, der bis zu 14 Ellen Gaze in eine einzige Coiffure hineinarbeitete.
Der eigentliche Friseur der Königin war ein alter Mann ohne Geschmack, den sie aber aus Mitleid nicht abschaffen wollte. Sobald er mit ihrer Frisur fertig war, zerstörte sie seine Arbeit, und Léonard kam und frisierte sie aufs Neue.

Toppen konnte den spektakulären Kopfputz der Königin eigentlich nur einmal die Herzogin von Chartres, die in ihren berühmten „Pouf au sentiment" – den „Dutt mit Gefühl"- Figuren ihres kleinen Sohnes, seiner Amme, ihres Lieblingspapageien und Mohren einarbeiten ließ, verflochten in echte abgeschnittene Locken ihrer männlichen Verwandten: ihres Mannes, ihres Vaters und ihres Schwiegervaters.

Die Frisuren waren so extravagant, ja, geradezu monströs in Größe und Aufbau, wie man es sich heute doch kaum noch vorstellen kann. Es wurde kolportiert, dass bei Damen mittlerer Größe das Kinn genau in der Mitte zwischen den Fußspitzen und dem Gipfel der Frisur lag. Natürlich konnten sich die Schönen nicht mehr in ihre Kutschen setzen, sondern mussten sich auf den Boden knien. Auch das Tanzen schaffte Probleme, da Zusammenstöße mit den wachskerzenbeleuchteten Kronleuchtern vermieden werden mussten, wollte man nicht in Flammen aufgehen. Tatsächlich soll die eine oder andere Dame Feuer gefangen haben. Wie überhaupt ein Tag geschweige denn eine Nacht ohne Kopf-, Rücken- und sonstige Schmerzen überstanden werden konnte, bleibt rätselhaft. Aber wenn der Aufbau für besondere gesellschaftliche Ereignisse gar zu hoch getürmt wurde, musste gelegentlich ein Page als „Frisurenstützer" die Damen aus Schritt und Tritt begleiten.

Aus welchem Grund die russische Zarin Katharina II. allerdings per Gesetz verbot, die Frisuren höher zu tragen als 1/4 russische Elle, ist nicht überliefert. Vielleicht war ihre eigene Haarpracht nur spärlich und sie wollte sich gegenüber den anderen Damen behaupten.

Eine so komplizierte Frisur herzustellen, sie über Kissen und Drahtgestellen aufzubauen, ihr durch Öle und Pomaden Halt zu geben und sie abzupudern, erforderte die Arbeit von Stunden. Natürlich konnte man diese aufwändige und schwierige Prozedur nicht täglich über sich ergehen lassen. Daher wurde das Haar tage- oder wochenlang nicht gelöst, gekämmt oder gar gewaschen. Körperhygiene war sowieso kein prominentes Thema dieser Zeit – im riesigen Schloss Versailles gab es keine einzige Badewanne. Den lästigen Körpergeruch überdeckte man mit schweren Parfums und mit dicken Puderschichten, die in eigens geschaffenen Puderzimmern großzügig aufgetragen wurden. Was dieser Mangel an Reinlichkeit für Folgen hatte, kann man sich leicht ausmalen. Es war das goldene Zeitalter des Ungeziefers, dem die Damen mit ihren „grattoirs", langen Kopfkratzern aus Gold oder Elfenbein, natürlich nicht beikommen konnten. Dass sich in all dieser echten und falschen Haarpracht aufgrund mangelnder Hygiene und der immer wieder überpuderten Dauerhaftigkeit der Frisuren schnell das Ungeziefer breitmachte, war unabänderlich. Die Coiffure bot Unterschlupf für alle Arten kriechender, krabbelnder kleiner Tiere, von deren Existenz jeder wusste, da er von den gleichen Problemen geplagt war. Daher trug man die goldenen und elfenbeinernen „Grattoirs", die Kratzstäbe, mit sich herum und benutzte sie auch fleißig. Bei festlichen Diners war das Kratzen am Kopf allerdings verboten. Beim Essen durfte man nur diskret an Kopf und Frisur klopfen, um sich kurzfristig Erleichterung zu verschaffen.

Die Frisuren dieser Zeit, so absurd sie auch aus unserer heutigen Sicht erscheinen mögen, waren oft echte Kunstwerke. Diese wollten natürlich auch präsentiert werden. Und vor allem wollten die Damen der Gesellschaft wissen, was denn in dieser Woche der neueste „Trend" war. Daher gab es so genannte „Kopfleiherinnen" – also eine Art Model –, die auf den Boulevards von Paris flanierten und die neuesten Kreationen öffentlich präsentierten.

Jede der unzähligen Coiffurres trug einen besonderen Namen. Diese Bezeichnungen, die mit dem eigentlichen Wesen des Gegenstandes natürlich nicht das Mindeste zu tun hatten, entlehnte man Tagesereignissen, dem Brand der Oper, dem Freiheitskrieg der Amerikaner, dem Halsbandprozess, man nahm Verbrecher oder berühmte Erfinder wie Montgolfier zu Namenspaten. Die Bezeichnungen der Frisuren waren genauso fantasievoll wie die Coiffure selbst.

Mit der Revolution endete dieser ausufernde Frisurenstil. Auch äußerlich zeigten die Menschen jetzt ihre Sympathie mit dem freiheitlichen Leben durch schlichtere, klassischere Formen. In solch spektakuläre Höhen wie im Rokoko sind die Frisuren nie wieder gewachsen. So „close to Jesus" wie damals werden auch wir nicht in diesem schönen Buch mit unseren modernen, lässigen Hochsteckfrisuren herankommen.

HAIR UP

Susanne Kranz

The higher your hair towers up towards heaven, the nearer you are to Jesus? So says the title of this book. Sure, it's a nice phrase, but with the ten to twenty centimetres you can gain through wearing your hair in an updo, you only get a little closer to the heavens! On the other hand, if you look into the history of such hairstyles, it quickly becomes evident that elaborately twisted, knotted, plaited hair may bring you a little closer to Jesus than you might have thought. You only need to go back in time by around 2000 years, and you're there – with Jesus.

You can even draw on much earlier historical periods, as the origins of ornate hairstyles are more likely to have been in the times of the pharaohs, in ancient Egypt. Even if these weren't quite the classic updos we know today, all that time ago, hair was already being transformed into true works of art.

Drawings, ceramics, paintings and sculptures from bygone eras can provide us with information about the major significance of elaborate hairstyles for different people. If we take a look at more recent cultural history, we find a time when the updo involved artistic creations reaching almost a meter high, with hairdressers respected as academic artists, earning an annual income that in some cases was much higher than that of the highest public official. The hair craze culminated in the Rococo period, hairstyles began to be created in extremly elaborate, intricate ways. The chamber maids' efforts simply could not satisfy the ladies of the court any more. One needed to employ a „hairdresser" to accomplish these styles. For the first time, men were allowed to style ladies' hair.

Where else, other than in the elegant realms of France, would these developments take place. One particular individual quickly became an undisputed star, presiding over the hairstyles of the Parisian ladies. This man was Legros, who though once a lowly kitchen hand, with talent, boldness and skill, raised hairdressing up to the level of high art. In 1765 he published his first methodical work on how to style each lady's hair in accordance with the distinctive nature of her character. At the same time, he opened an academy, where eager students were taught the secrets of the profession. Legros was both an artist and a businessman.

The hairstyle was the primary focus of all primping and preening. The ladies in high society tried to jockey for position by exhibiting more and more complicated creations. Ingenuity and imagination were required in the service of the high "coiffure". A new hairstyle could quickly become a social event. So that everyone was informed of such developments, in around 1770, the Parisian journal „Courier de la Mode" displayed up to a hundred different hairstyles in each issue. Within a few years the number of ladies' hairdressers had risen to over 600 in Paris alone. They were revered, celebrated and courted, as every lady wanted only the very best.

The eccentricity here knew no bounds. All of the elements of nature, mythological themes and even the day's events sparked inspiration for new hairstyles.

Nothing was too absurd or too tasteless, too preposterous or strange that it wouldn't be used for a ladies' hairstyle. On top of complex frameworks of wood, wire, gauze, and horsehair, which were then covered with the lady's own hair and a number of hairpieces, artistic elements reflecting the sun, moon and stars, seas and forests, animals and humans were donned. Everything was conjured up into a masterpiece of hair. Constructions of up to four times the height of one's head were not uncommon. An image still often depicted today is the „La Belle Poule" – a warship under full sail, incorporated into a hairstyle worn by the young Marie Antoinette. The artistic creation, made of wire and hair, was about 60 cm tall, and equally wide. Marie Antoinette became queen of France in 1774, at the age of only fifteen. She was obsessed with her appearance and in the first year following her accession alone spent 300,000 francs on hair decor, finery and trinkets; at the time, an unimaginably large sum. Due to the fact that all of the ladies in the land emulated the queen and wanted to exhibit the same levels of luxury in fashion and hairstyling, the monarch has actually even been accused of contributing to the financial ruin of France, through her whims and extravagance. Her momentous preening was, in a way, a state affair.

Her hairdresser was Léonard Autier, the illustrious; Léonard the great, who at one point managed to work 14 yards of gauze into her hair.

A silhouette reaching for the heavens

The queen's official hairdresser was an old man without such taste, but whom the queen felt sorry for and therefore did not want to dismiss. As soon as he had finished doing her hair, she would destroy his work, and Léonard would come and style it anew.

The Duchess of Chartres was the only one to be able to outdo the queen in terms of spectacular hairstyles - just once - with her famous „pouf au sentiment" - „pouf with feeling", which incorporated the figures of her little son, his nurse, her favourite parrot and a Moor, intertwined with real hair from her male relatives: her husband, her father and her father-in-law.

The hairstyles were so extravagant, so exaggerated in style and structure, that today it is hard to even imagine them. It was rumoured that for a lady of an average height, her chin lay right in the middle if you were to draw a line between her toes and the top of her hairstyle. Of course, when "beautified", these ladies could not sit in their carriages, but rather had to kneel on the floor. Dancing also created problems, since clashing with the candlelit chandeliers had to be avoided if they didn't want to go up in flames. Here and there, ladies were said to have caught fire. How they got through a day, let alone a night, without a severe headache, back pain or other such problems remains a mystery. If the structure really towered too high for social events, occasionally a page would have to play the part of „hair supporter", accompanying the ladies at every turn.

It has never been known exactly why the Russian queen Catherine II laid down a law forbidding people from wearing a hairstyle higher than · of a Russian yard. Perhaps her own hair was a little thin and she wanted to assert her status over other women.

Producing such a complicated hairstyle required hours of work; constructing wire frames incorporating pillows, fixing the hair in place with oils and ointments, and then powdering the whole creation. Naturally one couldn't sit through this time-consuming and complex procedure every day. The hairstyle was therefore often not taken down or brushed for days or weeks on end, let alone washed. Personal hygiene was not a prominent concept at this time in any case - in the vast Palace of Versailles, there wasn't a single bathtub! Troublesome body odours were masked with heavy perfumes and powders, which were liberally applied in specially created powder rooms. It's easy to imagine the consequences of this lack of cleanliness. This was the golden age for vermin, which the ladies of course were in no position to stop with their „grattoirs" - long "head scratchers" made of gold or ivory. It was inevitable that vermin would quickly become rampant, due to the lack of hygiene surrounding these hairstyles that were left untouched for long durations. The coiffures provided shelter for all kinds of creepy-crawlies, which everyone knew about, as everyone was plagued by the same problems. At ceremonial dinners, however, scratching the head was banned. At mealtimes one was only allowed to discretely tap the head and hair, to achieve short-term relief.

As absurd as they might seem to us today, the hairstyles of this era were often true works of art. The ladies therefore naturally wanted to exhibit their styles, and those in high society particularly wanted to know what the latest „trend" of the week was. For this reason, they came up with the „rented head" - a type of model who strolled along the boulevards of Paris publicly exhibiting the latest creations.

Each of the countless extravagant updos had a special name. These names, which of course had nothing to do with the actual appearance of the style, were borrowed from the day's events, a fire at the opera, the American War of Independence, the "Affair of the Diamond Necklace" etc., or even came from criminals or famous inventors such as Montgolfier. The names were as imaginative as the styles themselves.

This prolific hair trend came to an end with the Revolution. The people's outward appearance began to express their support for a liberal life, with simpler, more traditional forms. Hairstyles have never again seen the spectacular heights they enjoyed in the Rococo period. The styles in our beautiful book; modern, nonchalant updo designs, also won't quite reach the level of "closeness to Jesus" as those creations of bygone eras!

PRINZESSIN LAMBALLE

Die beste Freundin und Oberhofmeisterin von Königin Marie Antoinette

Für unseren Beruf war das 18. Jahrhundert eine Zeit der größten Triumphe. Die Frisur hat die Mode und damit die Menschen beherrscht und unseren Berufsstand unlöslich mit der Weltgeschichte verknüpft. Das Rokoko ist ohne den Friseur gar nicht denkbar.

Die Stellage muss asymmetrisch sein

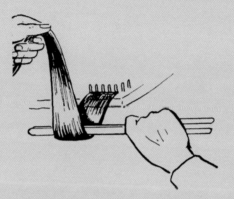

Das Haar wird zum Bogen geformt

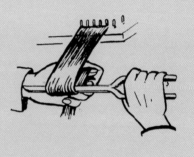

Das Frisieren der Stocklocken

Häubchen mit Rosengierlande

Rückansicht der fertigen Frisur

Look 1

Schützt das Haar vor extremer Hitze

heat protection

Verleiht der Frisur starken Halt ohne zu verkleben

gives the hair a strong hold

FRIPAC-MEDIS

Von der Garage ins Hightech-Logistikzentrum

Von der Firmengründung 1955 mit kleinem Warenlager in der Garage bis zum repräsentativen Firmensitz mit einem hochmodernen Logistikzentrum in Spiegelberg bei Heilbronn ging es für das Familienunternehmen Fripac-Medis GmbH steil bergauf. Bereits in dritter Generation ist Fripac-Medis der Spezialist für die Lieferung von exklusiven und hochwertigen Friseur- und Kosmetikartikeln an den Friseurgroß- und Versandhandel sowie an die Friseurabholmärkte in Deutschland und anderen europäischen Ländern. Die Unternehmerfamilie Erhardt hatte ein ausgeprägtes Gespür für künftige Trends, die Bedürfnisse der Friseure und ausgeklügelte, innovative Technik. Nicht zuletzt durch die hervorragenden internationalen Kontakte konnten im Laufe der Jahrzehnte weltweite Topmarken wie Panasonic, Parlux, Denman oder Olivia Garden gewonnen und den Kunden exklusiv angeboten werden.

Fripac-Medis steht für ein breites Angebot mit optimaler Produktqualität, hervorragendem Service sowie einem stabilen und fairen Preis-Leistungs-Verhältnis. „Nur durch unsere partnerschaftlichen und harmonischen Geschäftsbeziehungen mit den Kunden ist es uns möglich, diese Firmenphilosophie jeden Tag aufs Neue erfolgreich in die Praxis umzusetzen", so Benjamin Erhardt, der heutige Geschäftsführer und Enkel des Firmengründers. Das Unternehmen expandiert nach wie vor und schreibt die deutsche Erfolgsstory weiter.

From garage to high-tech distribution centre

A German success story. From its founding in 1955 with a small warehouse in the garage, to the establishment of a prestigious headquarters with an ultra-modern distribution centre in Spiegelberg near Heilbronn; the family run company Fripac-Medis GmbH has seen a swift rise to the top. Now in its third generation, Fripac-Medis specialises in the delivery of exclusive, top quality hair and beauty tools and products – both in terms of wholesale and mail-order to hair dressers, as well as supplying products to hair stylist superstores in Germany and other European countries. The entrepreneurial Erhardt family has had a keen sense of intuition when it comes to future trends, hairdressers' requirements and sophisticated, innovative technology. With thanks in no small part to its excellent international contacts, over the decades, the company has been able to win partnerships with globally successful top brands such as Panasonic, Parlux, Denman and Olivia Garden, and offer their products exclusively to its customers.

Fripac-Medis represents an extensive product range with optimum product quality, excellent service, and a stable and fair price-performance ratio. "It is only through our close collaboration and sound business relationships with our customers that it is possible for us to successfully put our corporate philosophy into practice every day" explains Benjamin Erhardt, the current CEO and grandson of the company founder. The company continues to expand, and to write the next chapter of the German success story.

Look 2

Der Klassiker für lockeren und dauerhaften Halt

Leichtes Struktur Spray
soft structurizing spray

classic hairspray
for a dynamic hold

Für intensive und
lang anhaltende Brillanz
intense shine spray

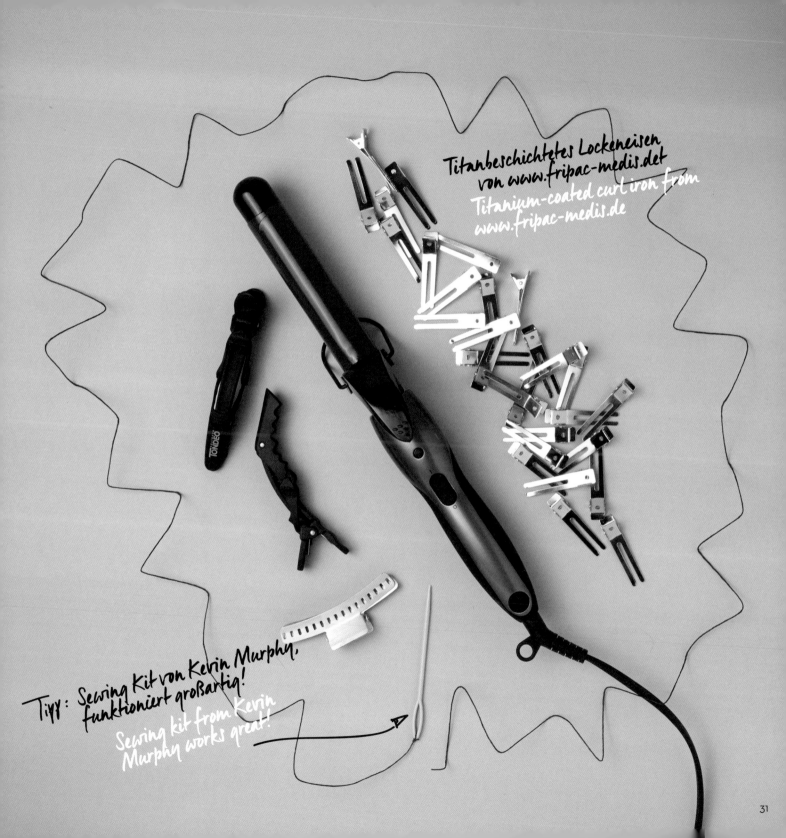

FASHION-EVERGREEN: FLECHTEN

Yvonne Seiler

DER FRANZÖSISCHE FÜNFERZOPF

THE FEATHER BRAID

DER FISCHGRÄTZOPF

THE LACE BRAID

DER HOLLÄNDISCHE ZOPF

Wir feiern die Erfindung des Rads als großen Meilenstein in der menschlichen Entwicklung, der Entwicklung des Flechtens zollen wir aber kaum Respekt. Dabei ist diese Technik nicht nur für Haare ein Dauerbrenner. Durch das regelmäßige Ineinanderschlingen biegsamer Materialien konnten die Menschen schon vor Jahrtausenden Körbe, Seile und Hefezöpfe herstellen. An offenem Haar hätte Rapunzels Prinz wohl kaum hinaufklettern können. Es würden viel mehr Leute beim Klettern abstürzen, wenn keiner das Flechten erfunden hätte – gedrehte Seile sind längst nicht so stabil. Für unsere Haarpracht schafft diese Technik ein riesiges Repertoire an Möglichkeiten, die zeitloser nicht sein könnten.

Flechtfrisuren gibt es seit 30 000 Jahren

Die Venus von Willendorf, eine Statue, die 1908 in Krems in Österreich gefunden wurde, trägt eine Flechtfrisur! Historiker sind sich nicht ganz einig, ob der 30 000 Jahre alte Frauenkörper geflochtenes Haar oder einen Bastkorb trägt. Für die Technik tut das nichts zur Sache. Wer Bast flechten kann, bekommt das auch mit Haaren hin. Wenn man bedenkt, dass man fürs Flechten nichts weiter braucht als ein Paar Hände und ein wenig Geschick, dann ist es nicht verwunderlich, dass die Menschen diese Technik schon früh entdeckt haben. Das Rad ist ihnen erst 26 000 Jahre später eingefallen.

Die Flechtfrisur war in allen geschichtlichen Epochen en vogue. Die alten Germanen trugen einen geflochtenen Haarkranz, die Frauen im Mittelalter den Bauernzopf. Kaiserin Sissi präsentierte ihre lange Haarpracht mit betontem Oberkopf und einer bis in den Nacken reichenden Flechtpartie. Viele geschichtliche Flechttechniken sind auch heute in Magazinen und auf Laufstegen zu sehen. Nur eine erlebte kein Revival. Zu Zeiten des Biedermeiers war es Mode, die Silhouette des Oberkopfs durch Lockentuffs über der Schläfen- und Ohrpartie in die Breite zu ziehen. Einfache Bauern- und Bürgerfrauen flochten daher die gesamte Vorderpartie zu Zöpfen, die sie dann über dem Ohr kreisförmig zu zwei dicken, seitlich sitzenden „Schnecken" aufrollten und feststeckten – optisch sicherlich nicht die geglückteste Flechtfrisur.

Flechtvariationen gibt es wie Sand am Meer. Gibt man auf YouTube das englische „braid" für Flechten ein, erhält man fast 1,5 Millionen Ergebnisse. Wer die folgenden Grundtechniken beherrscht, kann endlos viele Frisuren zaubern. Es ist wie beim Häkeln oder Stricken, man muss nur das Grundmuster verstehen und dann wiederholen.

> Vorbereitung:
>
> Haare nicht frisch waschen
> Wenn nötig Trockenshampoo
> Gut durchkämmen
> Keine Kunststoffborsten (Aufladung)
> Pflege nach Bedarf (weniger ist mehr)
> Für Textur Salzspray auftragen
> Oder Haarspray auf die Hände
> Bei feinem Haar Extensions einflechten
> Haare mit Stufenschnitt eher vermeiden

VIER-, FÜNF- UND SECHSTEILIGER ZOPF

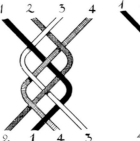 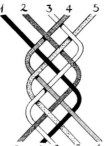 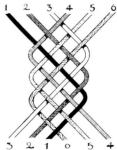

DER FRANZÖSISCHE ZOPF

- Drei gleichmäßige Partien abteilen
- Rechte Strähne über die mittlere legen
- Jetzt die linke Strähne diagonal über die rechte und die mittlere Strähne legen
- Ab jetzt wird von beiden Seiten jedes Mal eine neue Strähne zu dem äußeren Strang hinzugenommen und mit eingeflochten.

TIPP: Man kann auch nur von einer Seite Haare mit einflechten. Flechtet man z.B. an der Stirn entlang und nimmt nur vom Oberkopf Haare dazu, kann man dem Gesicht einen schönen Rahmen geben.

DER HOLLÄNDISCHE ZOPF

- Drei Partien abteilen
- Rechte Strähne unter die mittlere legen
- Jetzt die linke Strähne unter die beiden ersten Strähnen legen
- Zur rechten Strähne Haare aufnehmen, wieder unter die mittlere legen usw.

TIPP: Um dem Zopf genug Körper zu geben, kann man nach dem Zusammenfügen mit einem Haargummi die einzelnen Strähnen ein wenig aus dem Geflecht herausziehen. Das gibt mehr Volumen und Lockerheit.

DER FISCHGRÄTZOPF

- Nur zwei Partien abteilen
- Vom rechten Teil außen eine Strähne zur linken Abteilung legen
- Vom linken Teil außen eine Strähne zur rechten Abteilung...

TIPP: Man kann den Fischgrätzopf auch am Kopf anliegend, französisch oder holländisch flechten. Dafür zwei Teile in der Hand halten und die Zugaben von daneben nehmen.

DIE FISCHGRÄT-FLECHT-KOMBINATION

- Drei Partien abteilen
- Schmale Strähne vom rechten Teil abteilen und über das bereits abgeteilte, rechte Teil selbst legen
- Dann den rechten Teil unter dem mittleren Haarstrang durch zum linken Teil führen
- Nun vom linken Teil eine schmale Strähne abteilen und unter das Teil selbst führen
- Über den mittleren unter den rechten Teil führen.
- Dann rechts wieder von vorne...

TIPP: Während des Flechtens ist es einfacher, wenn die Haare zuerst zum Pferdeschwanz gebunden werden. Das Gummi kann man am Ende einfach entfernen.

DER WASSERFALLZOPF

- Drei Partien abteilen
- Seitlich nach hinten flechten
- Rechte Strähne über den mittleren Teil legen
- Dann die linke darüber legen
- Erneut die rechte Strähne über die mittlere Strähne legen
- Links, bzw. oben Haare dazu nehmen, über die mittlere legen
- Rechte, bzw. untere Haarsträhne fallen lassen
- Daneben eine Partie Haare aufnehmen, über die mittlere Strähne legen
- Dann wieder von oben Haare dazu...

TIPP: Mit der Strähne, die man unten ausgelassen hat, kann man darunter noch einen Zopf flechten. Das Ergebnis sieht wie eine Leiter aus.

DER FLACHE VIERERZOPF

- Vier Teile abteilen
- Den rechten Teil über die Strähne daneben, dann unter den nächsten Teil
- Die linke Strähne unter den Teil daneben, dann über den nächsten...

TIPP: Für einen Sechser- oder Achterzopf wird das Prinzip einfach fortgeführt. Also bei 6 Teilen von rechts: über – unter - über, von links: unter - über - unter. Französisches oder holländisches Flechten ist nicht empfehlenswert, da das Ergebnis ungleichmäßig wird.
Wer mit Haarzunahme am Kopf arbeiten möchte, sollte eine ungerade Strähnenzahl wählen.

DER RUNDE VIERERZOPF

- Vier Teile abteilen
- Die rechte Strähne unter zwei Strähnen durchführen
- Dann über die zweite Strähne wieder zurück führen (nur über die eine legen)
- Nun die linke Strähne unter zwei Strähnen nach rechts
- Um die zweite Strähne eine Kurve machen und wieder zurück...

TIPP: Das Prinzip kann auch mit 6 oder 8 Teilen umgesetzt werden, wichtig ist hier, dass es immer eine gerade Anzahl von Teilen ist. Es ist allerdings nur der Viererzopf komplett rund. Für den Sechserzopf gilt: unter 3 über 1; für den Achterzopf gilt: unter 4 über 1.

DER FRANZÖSISCHE FÜNFERZOPF

- Abteilung entlang der Hutlinie (gedachte Linie von der einen Ecke der Stirn zur anderen, dort wo der Hut aufsitzt)
- 5 gleiche Stränge abteilen
- Rechte Strähne unter den Teil daneben und über den zweiten legen
- Strähne von links außen unter den Teil daneben und über den zweiten legen
- Rechts Haare dazu nehmen, dann unter den einen, über den nächsten Teil legen
- Links Haare dazu nehmen, unter den Teil daneben, über den Nächsten legen...
- Ab dem Nacken ohne Zunahmen das Muster fortführen

TIPP: Bei einer ungeraden Anzahl an Abteilungen beginnt man rechts und links immer gleich, also beide unter die Strähne daneben oder darüber legen.

DER HOLLÄNDISCHE FÜNFERZOPF

- Abteilung entlang der Hutlinie
  5 gleiche Stränge abteilen
- Rechte Strähne über den Teil daneben und unter den zweiten
- Strähne von links außen über den Teil daneben und unter den zweiten
- Rechts Haare dazu nehmen, dann über den einen, unter den nächsten Teil
- Links Haare dazu nehmen, über den Teil daneben, unter den nächsten
- Ab dem Nacken ohne Zunahmen das Muster fortführen

TIPP: Das geht natürlich auch mit 7, 9, 11 Strängen,... Das Schema bleibt dasselbe.

FASHION EVERGREEN: THE PLAIT

Yvonne Seiler

THE WATERFALL PLAIT

THE FRENCH PLAIT

THE LACE BRAID

THE LADDER BRAID

The invention of the wheel is celebrated as one of the great milestones in human development; the development of plaiting, on the other hand, doesn't get the respect it deserves. For this technique is not only a perennial hit when it comes to hair – the structured intertwining of flexible materials has allowed people to create things such as baskets, ropes and plaited loaves for thousands of years. Rapunzel's prince would hardly have been able to climb her hair if she'd simply had it loose. In point of fact, many people would have difficulty climbing if plaiting had never been invented; laid (twisted) ropes are not nearly as stable. When it comes to beautiful hair, this technique creates a huge repertoire of possibilities that couldn't be more timeless.

Plaited hairstyles have existed for 30,000 years

The "Venus von Willendorf", a statue found in Krems, Austria, in 1908, has a plaited hairstyle! Historians are not entirely in agreement as to whether the 30,000 year-old figure of the lady has plaited hair, or whether she is wearing a wicker basket on her head. In terms of technique, it's one and the same. If you can plait wicker, you can do the same with hair. When you think that all you need for plaiting are two hands and a little talent, it's no wonder that the technique was discovered pretty early on. The idea of the wheel only occurred to people 26,000 years later.

Plaited hairstyles have been en vogue in every period of history. The old Germanic peoples wore their hair in a plaited "crown"; the women in the Middle Ages wore French plaits. Empress Sissi of Austria wore her long hair with accentuated volume on top and plaited sections reaching down to the nape of the neck. Many historical methods of plaiting can be seen today in magazines or on the catwalk. Only one of these does not seem to have seen a revival. In the Biedermeier period, it was fashionable to create a striking silhouette which rather broadened the head with a bun of curled hair on each side. Not very becoming. Farmers' wives and townsfolk women used to plait the entire front section of hair, and then wrap this into two "snails" that sat above the ears, and were fixed in place. Visually, certainly not the most successful plaited hairstyle!

There are as many variations of plaiting as there are grains of sand in the ocean. Type in the American for plait, "braid", into YouTube, and you get almost 1.5 million results. If you can master the basic techniques, you can conjure up a limitless number of styles. It's just like crochet or knitting – you only have to know the basic pattern, then simply repeat.

> **Preparation**
>
> Don't work with freshly washed hair
> Where necessary use dry shampoo
> Comb the hair well
> Don't use a synthetic brush (causes fly-away hair)
> Use product if desired (less is more)
> For texture, add salt spray
> Or hair spray applied with your hands
> For fine hair, weave in hair extensions
> Avoid layered hair

THE FRENCH PLAIT

- Take 3 equal sections
- Lay right section over middle section
- Now lay the left section diagonally over the right and middle sections
- From this point on, add some hair each time to the outer sections on both sides, and feed these in to the plait

TIP: You can also add in hair from just one side. For example if you are plaiting sideways along the top of the forehead, and just take extra hair from the top of the head; this creates a pretty frame for the face.

THE DUTCH PLAIT

- Take 3 sections
- Lay right section under middle section
- Now lay the left section under the first two sections
- Add hair into the right section, and lay this underneath the middle section, etc.

TIP: To give the plait more body, after securing the end with a hair elastic, you can pull the individual sections out a little along the plait. This gives more volume and makes the plait looser.

THE FISHTAIL PLAIT

- Take just two sections.
- Take a strand of hair from the outside of the right section and pull it over to the inside of the left section
- Take a strand from the outside of the left section and pull it over to the inside of the right section...

TIP: You can also plait a fishtail plait tightly against the head, or do a French or Dutch version. For this, hold two sections in your hands, and add in extra hair from the sides.

THE FISHTAIL/3-STRAND PLAIT COMBINATION

- Take 3 sections
- Take a narrow strand from the right-hand section and lay it over the separated-off right hand section
- Then feed the right-hand section under the middle section, through to the left section
- Now take a narrow strand from the left-hand section, and take it under the section itself
- Take it over the middle section and under the right-hand section.
- Then start again...

TIP: When plaiting, it's easier if the hair is first tied up in a ponytail. At the end, you can simply take this top hair elastic away.

THE WATERFALL PLAIT

- Take 3 sections
- Begin to plait sideways, towards the back
- Lay the right section over the middle section
- Then lay the left over the middle
- Then once again the right over the middle
- Add hair from the left and above; lay this over the middle
- Let the right or lower piece of hair drop down
- Then take the next section of hair and lay it over the middle
- Once again, add hair from above...

TIP: You can take the "dropped" sections (the ones left out) and plait them into a new plait beneath the first. The result looks like a ladder.

THE FLAT FOUR-STRAND PLAIT

- Take 4 sections
- Take the right-hand section over the section next to it, then under the next section
- Take the left section under the section next to it, then over the next...

TIP: For a 6 or 8 strand plait, the principle is the same. So with 6 sections, from the right, go over – under – over, from the left, under – over – under. French or Dutch plaiting is not recommended, as the result will be uneven. If you want to add in more hair to the plaits, use an uneven number of sections.

THE ROUND 4-STRAND PLAIT

- Take 4 sections
- Take the right-hand section under two sections
- Then take it back over the second section (just the one)
- Now take the left section under two sections – going towards the right
- Make a loop around the second section and make your way back again...

TIP: The same method can be used with 6 or 8 strands; it's important here that an even number of sections is always used. Only the 4-strand will be completely round. For the 6-strand, go: under 3, over 1; for the 8-strand: under 4, over 1.

THE FRENCH 5-STRAND PLAIT

- Divide the hair along the "hat line" (imaginary line from one temple to another; where a hat would sit)
- Take 5 equal sections
- Take the right section under the section next to it, and over the second
- Take a section from the outside on the left under the section next to it, and over the second
- Add hair to the right-hand section, then take it under the next section and over the next
- Add hair to the left section and take it under the next section and over the next...
- At the nape of the neck, continue, without adding in more hair

TIP: When you have an uneven number of sections, you begin with the same action on the right and the left, i.e. both must go under the section next to it, or over it.

THE DUTCH 5-STRAND PLAIT

- Divide the hair along the hat line
- Take 5 equal sections
- Take the right-hand section over the section next to it, then under the second section
- Take a section from the outside on the left over the section next to it, and under the next
- Add hair to the right-hand section, then take it over the next section and under the next
- Add hair to the left section and take it over the next section and under the next...
- At the nape of the neck, continue, without adding in more hair

TIP: This also obviously works with 7, 9, or 11 sections... The method is the same.

Look 3

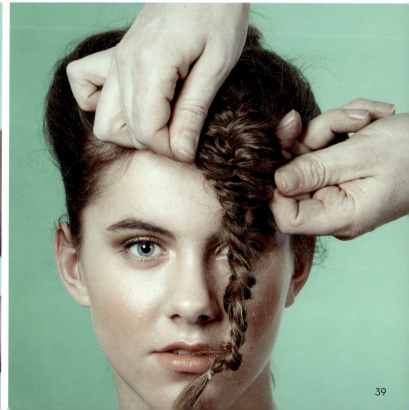

Tipp: Flechtet den Fischgrätzopf nicht ganz zu eng, da er sonst zu klein wird und man einzelne Strähnen nur schwer rausziehen kann.

for weightless volume and shine

Für schwereloses Volumen und Glanz

Perfektes Finish für noch mehr Glanz

adds shine, tames frizz and flyaways

MARIE ANTOINETTE

Unter der Herrschaft der Königin Marie Antoinette erlebte der Stand der Friseure und Perückenmacher eine Blütezeit wie nie zuvor und nie nachher.

Drahtgestell

Die Stellage wird eingebaut und...

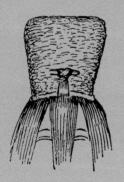

...gut verankert

Da Haar wird mit Fett fest anfrisiert

Rückansicht der Frisur

photography GERHARD MERZEDER
production | hair OLIVER SZILAGYI
styling YOAN GONFOND
model JULIA TEMPER / JAVA MODELS

The red Muse

DER LETZTE BÜRSTENMACHER

Martina Klose

Er ist der Meister aller Borsten. Als einer der letzten Bürstenhersteller Österreichs fertigt der Wiener Norbert Meier hochwertige Besen, Bürsten und Pinsel in Handarbeit. Dass sein Kunsthandwerk vom Aussterben bedroht und Marderhaar mittlerweile so teuer ist wie Gold, geht ihm gehörig gegen den Strich...

MK: Herr Meier, gibt es überhaupt noch Individualisten, die handgemachte Haarbürsten bei Ihnen in Auftrag geben?
NM: Nun, wenn ich ehrlich bin, kaum. Nur Hornbürsten werden immer wieder bei mir nachgefragt. Eine Firma in München hat regelmäßig Bedarf an diesen Bürsten, aber das ist wirklich eine große Ausnahme. Die mangelnde Nachfrage ist auch der Grund, weshalb bei vielen Handwerken, nicht nur den Bürstenmachern, das Wissen verloren geht.

MK: Ist eine handgefertigte Bürste denn so viel teurer?
NM: Ja, natürlich. Und für den Endverbraucher zahlt es sich nicht aus. Ob ein Haushaltsbesen mit der Hand gemacht ist oder mit der Maschine, macht für den Verbraucher ja keinen großen Unterschied mehr. Mit der Hand braucht man für den Besen sicherlich eine Stunde, die Maschine schafft das in einer Minute.

MK: Wie lange brauchen Sie denn beispielsweise für die Herstellung einer Haarbürste?
NM: Im Grunde genauso lange wie für einen Besen, etwa eine Stunde. Das erklärt den hohen Preisunterschied.

MK: Die Haarqualität ist bei der Bürste sehr entscheidend. Gerade Kunststoffbürsten mit entsprechenden Borsten laden sich statisch extrem auf. Welche Defizite haben diese maschinell hergestellten Billigbürsten noch?
NM: Sie haben einen weiteren großen Nachteil. Für die Produktion wird in der Regel ein günstiges Nylonpolyamid verwendet und die Schnittstelle ist sehr scharfkantig. Dadurch wird die äußere Schuppenschicht des Haars beschädigt. Wenn man diese Bürsten regelmäßig benutzt, lassen sich Haarbruch und Spliss nicht vermeiden.

MK: Was wäre eine optimale Borste?
NM: Entweder eine Wildschweinborste oder eine reine Nylonborste. Die Nylonborste muss aber dann noch einmal abgeschliffen werden, sodass sie rundgeschliffen ist. Das kostet allerdings wieder. Dachshaar wäre wiederum viel zu weich, es wird manchmal für Kosmetikpinsel verwendet. Wildschweinborsten gibt es kaum noch. Eine Alternative wären Schweineborsten, die aus China kommen. Die sind relativ lang, sind aber auch immer schwerer erhältlich.

MK: Wildschweine gibt es doch in Europa zur Genüge. Wie kommt es zur „Borstenknappheit"?
NM: Als ich Lehrling war, war der Berufszweig des Haar- und Borstenzurichters noch verbreitet. Der hat die rohen, ca. zehn Zentimeter langen Borsten genommen und sie für 1.000 Schilling (heute ca. 270 €) pro Kilo verkauft. Dann sind die Chinesen, wirklich über Nacht, mit dem Preis auf 120 bis 150 Schilling runtergegangen. 99,9 Prozent der Betriebe in Europa mussten dichtmachen, weil sie einfach nicht mehr konkurrenzfähig waren. Das heißt auch: Die Maschinen sind weg und das Wissen ist weg. Bei einer Berufszählung hat man kürzlich genau einen Borstenzurichter in Deutschland gezählt und in Österreich keinen einzigen mehr. Das ist unglaublich.
Vor zehn Jahren war der Borstenhandel noch so, dass man einfach bestellen konnte und es wurde geliefert. Heute heißt es: „Keine Bestände mehr. Vielleicht nächstes Jahr." Was soll man da machen!?

MK: Gibt es denn nicht Messen oder Ähnliches, wo man als Bürstenhersteller einkaufen gehen kann?
NM: In London gibt es eine große Borstenbörse. Aber da mitzubieten, kann man sich in der Regel nicht leisten. Es gibt drei große Firmen, die

den Bestand dann komplett aufkaufen. Zwei aus Deutschland, die andere sitzt in der Schweiz. Ich habe trotzdem das Glück, dass ich die Leute gut kenne. Wenn ich dann beim Händler anfrage und er meint, er hätte es, aber es sei schon für jemand anderen reserviert, dann sag ich: „Das ist mir wurscht. Ich brauch' es!" Dann bekomm ich die Borsten auch.

MK: Was wird in erster Linie aus dem Naturhaar hergestellt?
NM: Es gibt Echthaarrasierpinsel oder -malpinsel. Wobei es auch Malpinsel oder Aquarellpinsel gibt, die aus besonderen Nylonfasern bestehen. Die sind dann nicht zylindrisch, sondern spitz zulaufend, so wie eine Borste. Weil die Flüssigkeit immer nach vorne wegrinnt, dadurch, dass die Borste konisch ist. Das heißt, wenn ich einen Malpinsel aus Naturborsten habe, dann rinnt die Flüssigkeit immer nach vorne weg. Egal, ob dass das Ohrenhaar vom Rind ist oder ein Marderpinsel. Letzterer ist dann wieder ein sehr teurer Spaß. Je dicker es wird, desto teurer. Marderhaar liegt meistens um den Goldpreis herum. Ein Kilo Marderhaar und ein Kilo Gold erzielen meist denselben Wert. Für ein Kilo Marderhaar braucht man etwa 1.000 Marder.

MK: Es gibt immer mehr Firmen, die individueller werden wollen. Ich kann mir gut vorstellen, dass einige von ihnen gerne solche Unikate anbieten würden.
NM: Das gibt es immer wieder. Es kam sogar mal eine junge Dame zu mir, die drei Pinsel aus ihren eigenen Haaren gefertigt haben wollte. Mit Menschenhaar kann man aber nicht malen, da sie zylindrisch sind. Sie erklärte daraufhin, dass ihr Haar ihren Freund unglaublich anturnen würde. Also meinte ich: „Schön, schneiden Sie mir ein Büschel Haare ab und ich mache Ihnen einen Pinsel daraus. Bestimmt hatten die beiden dann Spaß damit."

MK: Es ist im Grunde wirklich schade, dass die Bürsten relativ teuer sind, eben auch wegen der vielen Handarbeit. Was dahintersteckt, wissen die meisten ja gar nicht. Eine Industriebürste bekommt man ja schon ab 3 Euro.
NM: Und es geht noch viel billiger. Eine normale

WC-Bürste darf zum Beispiel fast nichts kosten. Der Hersteller bekommt pro Klobürste vielleicht 0,30 Cent. Die Maschinen kosten ungefähr 200.000 Euro. Sie halten, wenn es hochkommt, 5 Jahre und laufen 7 Tage die Woche, 24 Stunden lang. Mit der Zeit rechnet sich das dann.

MK: Wenn sich jemand bei Ihnen bewerben würde, um den Beruf des Bürstenmachers zu erlernen, ist es für den Bewerber nicht sinnvoller, zunächst etwas anderes zu lernen und sich dann zu spezialisieren?
NM: Da stimme ich zu. Mittlerweile ist die Nische entweder extrem teuer oder sehr billig. Dieses gehobene, aber immer noch Mittelklassesegment, das ich bediene, ist sehr schwierig, weil diese Preisklasse auch durch die Industrie abgelöst worden ist. Sicherlich ist es interessant, dass sich wieder mehr Leute für eine Individualisierung entscheiden. Es ist aber leider auch so, dass unser Beruf in Österreich fast ausgestorben ist. Ich bin quasi der Letzte in diesem Land, der dieses Handwerk noch weitergeben kann und auch bereit ist, es weiterzugeben. Das macht die ganze Sache aber auch spannend, wenn man sehr gefragt ist oder von sich behaupten kann, dass man ein Handwerk beherrscht, das sonst keiner kann. Und wenn man es mal genauer betrachtet: Ich glaube kaum, dass hier irgendwo etwas liegt, das nicht irgendwann mal während der Produktion mit einer Bürste in Kontakt war. Bürsten werden überall benutzt und gebraucht. Den Wenigsten ist bewusst, wie wichtig sie sind.

MK: Welche Bürsten werden noch in Handarbeit hergestellt und nachgefragt?
NM: Bürsten zum Münzen putzen. Alte Münzen werden nämlich mit Spezialbürsten geputzt. Münzsammler möchten die Oberfläche der Münze ja nicht beschädigen. Die Bürste entfernt nur den Dreck, aber die Münze an sich wird nicht beschädigt. Wenn man so etwas Spezielles braucht, ist es egal, ob die Bürste jetzt 10 oder 20 Euro kostet. Wenn man sie braucht, gibt man dafür natürlich auch Geld aus. Ich habe das auch in Deutschland gesehen. Da gibt es Polierbürsten für Schuhe und es wird viel Wert darauf gelegt, dass diese qualitativ hochwertig sind. Wichtige Kriterien dieser Polierbürsten waren, dass die Bürsten dicht sind, dass kein Kunststoff vorhanden ist und dass sie die Oberfläche schonen.

MK: Wann macht sich eine gute, hochwertig verarbeitete Bürste oder ein guter Pinsel bezahlt?
NM: Langfristig immer. Ich hatte zum Beispiel einen Kunden, einen erfolgreichen Druckfarbenhersteller, der Vier-Zoll-Heizkörperpinsel bei mir in Auftrag gegeben hat. Damit wurden bestimmte Behälter ausgewaschen, in denen die Druckfarben angerührt wurden. Als Alternative hatte er auch viel günstigere, chinesische Pinsel angefragt. Der Kunde hat sich dann für die chinesischen entschieden. Dann ist leider ein Malheur passiert. Beim Auswaschen hat sich der ganze Kleber aufgelöst und die Haare waren überall im Behälter verteilt. Im Nachhinein hat das dann so viel Geld gekostet, wie manche von uns in einem halben Jahr verdienen. Echte Qualität macht sich immer bezahlt!

THE LAST BRUSH ARTISAN

Martina Klose

MK: Mr. Meier, are there still individualists who order handmade hairbrushes from you?
NM: Well, if I'm honest, there are very few. Only my horn brushes are always in demand. A company in Munich has a regular need for these brushes, but this is really a big exception. The lack of demand is also the reason why the knowledge of so many artisans, not just brush makers, gets lost.

MK: Is a handmade brush really that much more expensive?
NM: Yes, of course. And it doesn't pay off for the consumer. Whether a household broom is made by hand or by a machine doesn't make much of a difference to the consumer any more. It probably takes an hour to craft a broom by hand; the machine can do it in one minute.

MK: How long does it take to make a hairbrush, for example?
NM: Generally, as long as it takes to make a broom: about an hour. That explains the enormous price difference.

MK: The bristle quality is key for brushes. Plastic brushes with plastic bristles in particular accumulate an excessive amount of static electricity. What other deficiencies do these machine-made cheap brushes have?
NM: They have one more serious disadvantage. A cheap nylon polyamide is generally used for production and the cuts are made at a very sharp angle. This damages the outer cuticle layer of the hair. If you use these brushes frequently, you can't avoid hair breakage and split ends.

MK: What would an optimal brush look like?
NM: It would either be a boar-bristle brush or a pure nylon brush. And the nylon-bristle has to be sanded down once again to create a cylindrical shape. But that in turn costs more, too. Badger hair would be much too soft, although it's occasionally used for cosmetic brushes. And there are hardly any more boar bristles. An alternative would be pig bristles from China. They are relatively long, but they are also getting more difficult to obtain.

MK: But there are plenty of boars in Europe. How did this „bristle shortage" come to pass?
NM: When I was in training, the profession of hair and bristle finisher was still a common one. A finisher would take the raw bristles, about 10 cm long, and sell them for 1,000 shillings per kilogram (today about 270 €). Then, practically overnight, the Chinese dropped the price to 120-150 shillings. 99.9 percent of the businesses in Europe had to shut their doors because they could no longer keep up with the competition. This also means that the machines and the knowledge are gone. A recent occupation census counted exactly one bristle finisher in Germany and not a single one in Austria. That's unbelievable.
Ten years ago, the bristle industry was healthy enough so that you could just place an order and it would be delivered. Today, they just say: „Currently out of stock. Maybe next year." What can you do?

MK: Aren't there trade fairs or similar events where brush manufacturers can purchase materials?
NM: There's a large bristle exchange in London. But you generally can't afford to bid there. There are three large companies who buy up all the inventory. Two are from Germany, the other is based in Switzerland. I'm lucky enough to know the people very well. If I call the dealer and he says that he's got the bristles but that they're reserved for someone else, then I tell him: „I couldn't care less. I need them!" And then I get the bristles.

MK: What is primarily manufactured from natural hair?
NM: There are shaving brushes and paintbrushes made from natural hair. Of course, there are also paintbrushes and watercolour brushes made of special nylon fibres. These aren't finished cylindrically but at a sharp point, just like a bristle. Because the liquid always has to flow towards the tip, the bristle is tapered. That means that if I have a paintbrush made of natural bristles, the

He's the master of all bristles. As one of the last brush makers in Austria, Vienna native Norbert Meier crafts high-quality brooms, hairbrushes and paintbrushes. By hand. That his artisanal handwork is threatened with extinction and that sable hair is now worth its weight in gold goes thoroughly against the grain with him…

liquid always flows off the brush towards the tip. It doesn't matter if it's hair from the ear of an ox or a marten brush. Of course, the latter is an incredible extravagance. The thicker it is, the more expensive it is. The price of marten hair is usually similar to the price of gold. A kilo of marten hair and a kilo of gold are usually valued at the same price. A kilo of marten hair takes about 1,000 martens.

MK: There are more and more companies that want to be more individual. I can easily imagine that some of them would love to offer such unique items.
NM: That happens time and again. I even met a young lady who wanted me to make her three paintbrushes with her own hair. However, you can't paint with human hair because it's cylindrical. Then she told me that her boyfriend would be incredibly turned on by her hair. So I thought, „Great, cut me off a tuft of hair and I'll make you a brush out of it. I'm sure those two had a lot of fun with it."

MK: It really is a shame that the bristles are relatively expensive, just because of all the manual labour. After all, most people have no idea what goes into the final product. After all, you can buy an industrially-made brush starting at 3 euros.
NM: And many are even cheaper. A standard toilet brush, for example, may cost almost nothing. The manufacturer might get € 0.30 per toilet brush.. The machines cost about € 200,000. When demand is high, they last for 5 years and run 24/7. By that time, they've paid for themselves.

MK: If an applicant wants to train with you to learn the brush-maker's trade, wouldn't it make more sense for the applicant to learn something else first and then to specialise?
NM: I would agree with you. The niche has become either incredibly expensive or incredibly cheap. This upscale but still middle-class sector that I service is a very difficult one because this price class has been taken over by industrial manufacturing methods. It's certainly interesting that more and more people are choosing individualisation. But unfortunately it's also true that our profession is almost extinct in Austria. I'm virtually the last person in this country who can still pass down the knowledge of this craft and who is willing to do so. But that makes the whole thing exciting if you're in high demand or if you can claim that you've mastered a craft that no one else has. And if you look a little closer: I don't think that there's anything around here that hasn't been in contact with a brush at some point during its production. Brushes are needed and used everywhere. But few have any idea how important they are.

MK: Which brushes are still manufactured by hand and are in demand?
NM: Brushes for cleaning coins. Old coins are cleaned using special brushes. And of course coin collectors don't want to damage the surface of the coin. The brush only removes the dirt without damaging the coin. If you need something that special, it doesn't matter if the brush costs € 10 or € 20. If you need it, of course you'll pay for it. I've seen the same thing in Germany. There, they have polishing brushes for shoes, and having high-quality brushes is very valuable. The important characteristics of these polishing brushes is that the bristles are dense, that they are entirely free of plastic and that they don't damage the surface.

MK: When does it pay to buy a good, high-quality finished hairbrush or a good paintbrush?
NM: It always does, in the long term. For example, I had a client, a successful printing ink manufacturer, who asked me for a quote for four-inch radiator brushes. They would be used to wash out certain containers in which the ink colours were stirred. As an alternative, he also requested a quote for much cheaper Chinese brushes. The customer decided in favour of the Chinese brushes. Unfortunately, disaster struck. During the washing process, all the glue dissolved and the hairs spread out throughout the entire container. In retrospect, this cost that client as much money as some of us make in six months. Real quality always pays!

Look 4

Tipp : Arbeitet mehr mit den Händen als mit Bürsten, damit der Look nicht zu eng und zu sauber aussieht.

Das macht den Style lebendig.

Verleiht dem Haar starken Halt und spendet Feuchtigkeit

gives your hair a strong hold and moisturises it

Verleiht der Frisur extra starken Halt und Volumen.

extra strong hold and volume

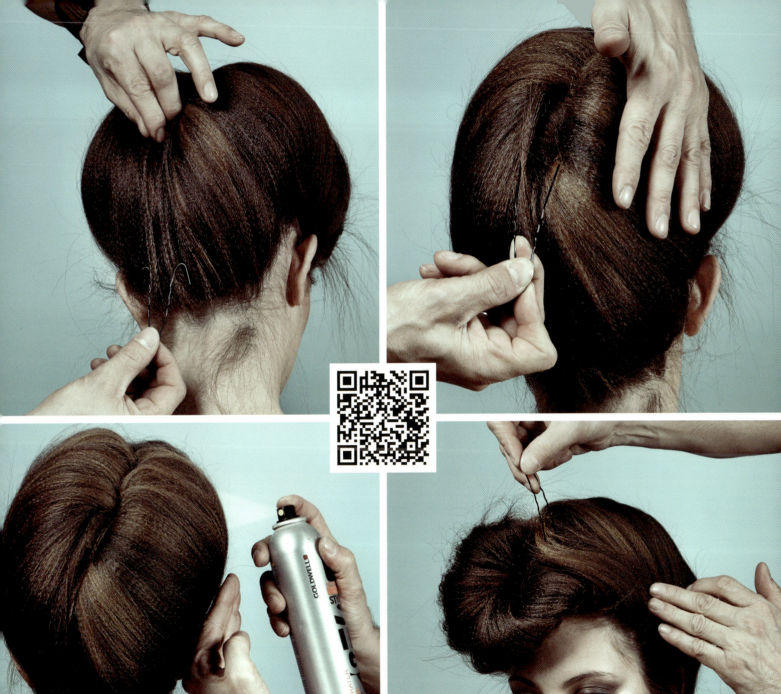

69

Tipp:
Die Widerhaken an den Nadeln selbst biegen, dann wackelt nichts mehr

Pneumatikbürste zur Pflege von Haar + Kopfhaut von Denman

all tools www.fripac-medis.de

MARIO KRANKL

Das Haar als Kunstobjekt

„Das Hochstecken hat für mich ebenso viel kreatives Potenzial, wie Haare schneiden oder färben, aber ohne nachhaltige Veränderung des Haars. Wichtig ist, sich bei der Frisur auf einen oder wenige Schwerpunkte bezüglich Textur und Form zu fokussieren."

Er wird häufig mit seinen extravaganten Avantgarde-Styles assoziiert, aber was den Österreicher so besonders macht, ist seine ungewöhnliche Vielseitigkeit: Mario Krankl ist einer der meist ausgezeichneten Friseure Österreichs. Er betreibt einen exklusiven Premiumsalon in Salzburg, kreiert Frisurenstyles für Fotostrecken in Hochglanzmagazinen, arbeitet mit Topmodefotografen, stylte bei Germanys Next Topmodel und internationalen Fashion Shows. Seine Erfolgsstory mit der Marke Goldwell begann vor über 20 Jahren. Seither arbeitete er in rund 40 Ländern weltweit, war mehrfach im Color Zoom Master Team und ist als Global Ambassador der Marke einer ihrer weltweit kreativsten Gesichter.

2011 folgte als einer der Höhepunkte seiner Karriere die erste Alternative Hair Show. Bereits ein Jahr später kreierte er die Imagekampagne für das 30. Jubiläum der Alternative Hair und zeigte eine sensationelle Show in der Royal Albert Hall in London.

Mario hat sich der Perfektion in Sachen Haare verschrieben. In seinem Salonalltag geht es ihm um die Kreation maßgeschneiderter, tragbarer Looks für die Kunden. Als Haarkünstler will er aber mehr, er sucht nach den Trends von morgen und experimentiert in alle Richtungen. Er sei ein Freak, sagt er, wenn es um Haare geht. Mario Krankl betrachtet Haare als Kunstobjekt. Sie sind für ihn ein genialer, weil immer wieder wandelbarer Ausdruck von Individualität und Extravaganz, ein „Material", mit dem er Wow-Effekte jenseits der Straßentauglichkeit erschafft.

Hair as an „objet d'art"

He is often associated with his extravagant avant-garde styles, but what makes the Austrian really stand out is his unusual versatility; Mario Krankl is one of the most highly acclaimed hairdressers in Austria. He runs an exclusive salon in Salzburg, creates hair styles for photo spreads in glossy magazines, works with top fashion photographers, and is a stylist for Germany's Next Top Model and international fashion shows. His success story with the brand Goldwell began more than 20 years ago. Since then he has worked in around 40 countries across the globe, has been in the Color Zoom Master Team several times, and as a Global Ambassador for the brand represents one of its most creative faces worldwide.

2011 he was on stage at the first Alternative Hair Show - one of the highlights of his career. A year later he already created the image campaign for the 30th anniversary of the Alternative Hair, and put on a sensational show at the Royal Albert Hall.

Mario has devoted himself to perfection in all things hair-related. In his day-to-day work at his salon he focuses on the creation of individualised, maneagable looks for his clients. But as a ‚hair artist' he wants more; he anticipates the trends of tomorrow and experiments with a range of different concepts. When it comes to hair, he says, he is a freak! Mario Krankl views hair as an objet d'art. For him, it is a brilliant, ever-changeable expression of individuality and extravagance, a „material" with which he can create a ‚wow effect' that breaks all barriers.

„For me, an updo entails just as much creative potential as a haircut or colour, without making any lasting change to the hair. But it is important to focus on just one, or two main points in terms of texture and shape."

GOLDWELL

We think stylist

Goldwell wurde im Jahr 1948 von Hans Erich Dotter gegründet. Er baute ein Unternehmen auf, das ganz darauf ausgelegt war, partnerschaftlich mit den Friseuren zusammenzuarbeiten und ihnen eine salonexklusive, hochwertige Produktpalette zu bieten. Erstmals machte Goldwell mit der Dauerwelle „Goldwell Ideal" von sich reden: ein Produkt, das den Stil der Zeit perfekt traf. Um die voluminösen Frisuren auch entsprechend zu fixieren, entwickelte Goldwell das heute noch verkaufte „Sprühgold" mit der innovativen Aerosoltechnologie. Dank der außergewöhnlichen Qualität seiner Produkte katapultierte sich Goldwell schnell an die Spitze des Haarkosmetikmarktes. 1978 führte das Unternehmen die Haarfarbe „Topchic" ein – bis heute ein Bestseller – gefolgt von vielen weiteren innovativen Marken wie der hocheffektiven Haarpflegeserie Kerasilk und der Intensivtönung Colorance im Jahr 1986.

Seit 1989 gehört Goldwell zu Kao und konnte seine Tätigkeit weltweit weiter ausbauen. Mit der Einführung von „Elumen", der ersten ammoniakfreien Haarfarbe, etablierte sich das Unternehmen weltweit als der Farbexperte schlechthin.

2004 organisierte Goldwell erstmalig das Color Zoom Global Event, eines der erfolgreichsten Trendevents der Industrie. Mit der Einführung des individualisierbaren, lang anhaltenden Keratin Treatment Service im Jahr 2013 wurde Goldwell seinem Ruf als Trendsetter wieder einmal gerecht. Goldwell Produkte und Serviceleistungen sind heute in über 40 Ländern erhältlich.

Goldwell – We think stylist

Goldwell was established by the German Hans Erich Dotter in 1948. His vision was to build a company focused on treating hairdressers as partners and offering them a quality product range exclusively for salon use. The first product launched was the innovative cold perm "Goldwell Ideal" that fitted the hairstyles of the time perfectly. But vast amounts of hairspray were needed to fix these styles, so Goldwell developed "Sprühgold". It was the first hairspray in Germany using new innovative aerosol technology and very quickly earned the leading position because of its outstanding quality. 1978 the company continued its success by launching today's bestselling permanent hair color, Topchic, followed by many other breakthrough brands, including Kerasilk, a highly effective hair care range and Colorance, a demi-permanent color in 1986.

The 80s were marked by international expansion. In 1989, Goldwell became part of Kao. This opened up new opportunities and Goldwell strengthened its image as the color expert with the launch of the breakthrough Elumen, a non-oxidative and ammonia-free permanent hair color.

In 2004, Goldwell brought the Color Zoom Global Event to life, one of the industry's biggest trend events. In 2013 the brand even went a step beyond by launching the first customizable, long lasting Keratin Treatment Service. Today Goldwell products and services are available in more than 40 countries.

ALEXANDRE DE PARIS

Sven Barthel

Wer glaubt, dass die Geburtsstunde der VIP-Friseure erst mit dem Aufstieg von Vidal Sassoon, John Frieda, Frédéric Fekkai und den Deutschen Udo Walz, Gerhard Meir und Marlies Möller begonnen hat, dem sei an dieser Stelle gesagt, dass Starcoiffeur Alexandre de Paris bereits die Köpfe der Glanzvollen und Mächtigen verschönerte, als die heutigen Vorzeigefigaros das Wort Friseur noch nicht einmal buchstabieren konnten.

Wäre es nach dem Willen seiner Eltern gegangen, hätte Louis Alexandre Raimon eigentlich Medizin studieren sollen, doch das Einzige, was ihn am menschlichen Körper interessierte, waren die Haare. Konsequenterweise begann er 1938 im Alter von 16 Jahren eine Ausbildung in einem Salon in Cannes und findet später eine Anstellung bei „Antoine de Paris" – damals die erste Adresse für haarige Angelegenheiten der französischen High Society. Ein Umstand, der neben dem Können seines Inhabers auch dessen unterhaltsamer Exzentrik zu verdanken war. So pflegte Antoni Cierplikowski, so Antoines bürgerlicher Name, auch bei der Arbeit stets einen eleganten Smoking zu tragen und nach Feierabend in einem mit schwarzem Satin ausgeschlagenen Sarg zu schlafen. Schauspielerinnen wie Sarah Bernhardt und Coco Chanel, deren Atelier in der gleichen Straße lag wie Antoines Friseursalon, zählten zu seinen Kundinnen. An diesem illustren Arbeitsplatz perfektioniert der junge Louis Alexandre die Fähigkeit, sich bei der ersten Begegnung mit einem Menschen innerhalb von Sekunden auf dessen Bedürfnisse einstellen zu können.

Während seiner Zeit bei Antoine trifft Alexandre auf europäische Adlige, amerikanische Selfmade-Millionäre Literaten, Künstler, Schauspieler und vor allem auf zwei Frauen, die ihm zu seinem internationalen Durchbruch verhelfen. Yvette Labrousse, die als Tochter eines Straßenbahnfahrers durch die Heirat mit dem Aga Kahn III. im Jahr 1946 zur Begum wurde, beauftragte Alexandre mit der Ausführung ihrer Hochzeitsfrisur. Unter den geladenen Gästen dieses gesellschaftlichen Großereignisses in Genf war auch Wallis Simpson, die als Stilikone gefeierte Herzogin von Windsor. Sie fand großen Gefallen an Labrousses Brautfrisur und engagierte Alexandre, um auch ihr einen individuellen Look zu verpassen. Sein Vorschlag, der glattgebürstete Mittelscheitel, der am Hinterkopf in zwei kleine Chignons mündet, wird Simpsons Signature Look. Die Herzogin soll hocherfreut gewesen sein, in derselben Optik aufzuwachen, in der sie sich zur Nachtruhe legte.

Weltruhm per Dutt

„Alexandre de Paris
hat den Ruf
Frankreichs
als Modenation
bis heute geprägt:
Le Chic Parisien!"

Zwischen Alexandre und Wallis Simpson entwickelte sich eine langjährige Freundschaft. Während dieser Zeit vermittelte sie ihm Hunderte von Kundinnen aus adligen Kreisen.
Noch im gleichen Jahr macht Louis Alexandre den Chignon zu seinem USP. Genauer gesagt, den „Chignon Artistique", den Dutt mit der besonderen kreativen Note.

Über Jahrzehnte hinweg gelingt es Alexandre de Paris, so wie er sich jetzt nennt, das runde Steckwerk in seiner Ausführung stets dem Zeitgeist anzupassen und entsprechend der Persönlichkeit seiner Kundin zu variieren. Später kreierte er eine „stachelige" Version mit dem Namen Artischocke und verzierte den Chignon Jackie Kennedys mit echten Diamanten für ein Galadinner mit de Gaulle. Solche Extravaganzen förderten den Wunsch der Upper-Class, sich auch in seine „magischen" Hände zu begeben. Haarnadeln soll Alexandre derart schnell parat gehabt haben, als ob sie ihm aus den Fingern wüchsen.

Alexandre arbeitete stets nach seiner Überzeugung, dass die Frisur zum Charakter des Trägers passen muss. Im Laufe der Zeit erwarb er einen exzellenten Ruf, der weit über Frankreich hinausreicht. 1957 eröffnet Alexandre de Paris seinen ersten eigenen Salon in der noblen Rue du Faubourg Saint Honoré. Das luxuriöse Interieur aus Marmor, Gold, Kristalllüstern und Kirschbaummöbeln sollte an Versailles denken lassen. Sein Freund Jean Cocteau, der berühmte Autor, Designer und Filmemacher, entwarf das Logo: eine geheimnisvolle Sphinx, die über dem Namenszug thronte.

Sein Auftragsbuch platzt aus allen Nähten. Auch Hollywood will sich von dem Mann, der mit seinem Moustache und dem pomadisierten Haar aussieht wie Clark Gable, verschönern lassen. Alexandre schuf die Frisur für Liz Taylor in der Rolle der Cleopatra. Er frisierte Audrey Hepburn, Tippi Hedren, Lauren Bacall, Greta Garbo und unzählige andere Hollywood-Größen. Er war ständig umgeben von den schönsten und begehrenswertesten Frauen seiner Zeit. Aber sein Herz hatte er schon während der Lehrzeit in Cannes an Andreé Banaudi verschenkt. Mit ihr blieb er bis an sein Lebensende glücklich verheiratet und hatte zwei Kinder.

Nach den Society Ladys und Filmdiven eroberte Alexandre de Paris die Modehäuser. Die gesamte Riege der französischen Haute Couture engagierte ihn als Berater für Fotoproduktionen und Modenschauen. Er war dabei, als Karl Lagerfeld 1983 sein Debüt bei Chanel gab, und stylte 34 Jahre lang bei Yves Saint Laurent die Haare der Models.

1982 erfolgte die Einweihung eines neuen, modern gestalteten Salons in der Rue Matignon in der Nähe der Champs-Élysées. Zusammen mit seiner Frau Andrée und den Kindern bezieht er ein großes Apartment im gleichen Gebäude. Hier bringt er auch die Ideen für seine fantasievollen Hairstylings zu Papier. Dabei lässt er sich gerne von der Art der Veranstaltung inspirieren, die seine Kundin besuchen oder von der Robe, die sie tragen wird. Die flotte Federführung seiner Handzeichnungen ist so schwungvoll wie die Linienführung seiner Frisuren. Einige der schönsten Zeichnungen sind im Besitz der Familie Grimaldi, denn Alexandre zeichnete für die elegantesten Hairdos der Fürstin Gracia Patricia verantwortlich. Die Skizzen wurden 2007 im Rahmen einer Ausstellung zu Ehren der früh verstorbenen Grace Kelly, Ehefrau von Fürst Rainier von Monaco, erstmals der Öffentlichkeit vorgestellt.

Als wichtigste Voraussetzung für einen guten Look erachtete Alexandre de Paris sauberes und vor allem gesundes Haar. Er riet seinen Kundinnen, ihr Shampoo alle zwei Monate zu wechseln, da das Haar von der Abwechslung profitiere. Auch an der Mär der einhundert Bürstenstriche vor dem Zubettgehen hielt Alexandre unbeirrt fest. Es ist diese besondere Noblesse vergangener Zeiten, die heute noch ihre Faszination auf den Betrachter alter Fotos mit Kreationen des Haarvirtuosen ausübt. Alexandre de Paris verstand es, das Frisieren in eine Kunstform zu verwandeln.

1990 im Alter von 68 Jahren verabschiedet sich die „Sphinx de la Coiffure" in den Ruhestand und griff fortan nur noch für befreundete Topkundinnen und Superstars zu Föhn und Bürste. Alexandre de Paris starb 2007 im Alter von 85 Jahren in seiner Geburtsstadt Saint Tropez.

Heute managt der Geschäftsmann Michel Dervyn des Meisters Erbe. Dazu zählen die Salons in Paris und Brüssel, eine Ausbildungs-Akademie sowie ein Day-Spa und Beautycenter im amerikanischen Fairfax. Darüber hinaus existieren noch zwei Accessoire-Boutiquen in Paris und New York und ein Onlineshop, in denen unter dem Markennamen Alexandre de Paris exklusiver und hochpreisiger Haarschmuck, Bürsten und Stylingtools verkauft werden.

Alexandre de Paris hat entscheidend mitgestaltet, was als jahrzehntelang international stilbildend war und den Ruf Frankreichs als Modenation bis heute prägt: Le Chic Parisien!

> Als wichtigste Voraussetzung für einen guten Look erachtete Alexandre de Paris sauberes und vor allem gesundes Haar.

ALEXANDRE DE PARIS

Sven Barthel

World-famous thanks to a bun

To those who believe that the birth of VIP hairstylists began with the rise of Vidal Sassoon, John Frieda, Frédéric Fekkai and the Germans Udo Walz, Gerhard Meir and Marlies Möller, let me tell you that celebrity hairstylist Alexandre de Paris was already beautifying the heads of the elegant and powerful long before today's star stylists could even spell the word „hairstylist".

If his parents had had their way, Louis Alexandre Raimon would have studied medicine, but the only thing that interested him about the human body was the hair. Consequently, he began his training in 1938 at 16 years of age in a salon in Cannes, later finding a job at „Antoine de Paris" - formerly the most renowned address for all things hair for French high society. A fact that was also due to the entertaining eccentricity as well as the skill of its owner. Antoni Cierplikowski, which was Antoine's real name, always wore an elegant tuxedo, even while working, and after hours he slept in a coffin lined with black satin. Actresses Sarah Bernhardt

and Coco Chanel, whose studios were in the same street as Antoine's hair salon, were among his customers. This illustrious address is where the young Louis Alexandre perfected the ability pinpoint a client's needs within seconds of meeting them for the first time.

During his time at Antoine, Alexandre met European noblemen, American self-made millionaires, writers, artists, actors, and, most significantly, two women who helped him achieve his international breakthrough. Yvette Labrousse, the daughter of a tram driver who attained the title of Begum when she married Aga Khan III in 1946, commissioned Alexandre to create her wedding hairstyle. Among the guests at this exclusive social event was Wallis Simpson, the celebrated style icon and Duchess of Windsor. She took a great liking to Labrousse's bridal hairstyle and commissioned Alexandre to design her own individual look. His proposal, the smooth brushed centre part opening into two small chignons at the back of the head, would become Simpson's signature look. The Duchess is said to have been delighted to wake up with the same look she wore to sleep. Alexandre and Wallis Simpson enjoyed a long friendship. During this time she sent him hundreds of clients from the aristocratic circles. The same year, Louis Alexandre made the chignon his USP - more specifically, the „chignon artistique" - the bun with a special creative touch.

For decades, Alexandre de Paris - as he calls himself now - succeeded in adapting his execution of the rounded twist to the zeitgeist and to adapt his work to the personality of each client. Later, he created a „prickly" version called the Artichoke and decorated Jackie Kennedy's chignon with real diamonds for a gala dinner with de Gaulle. Such extravagances fostered the desire of the upper class to place themselves in his „magic" hands. Alexandre was said to have hairpins ready so quickly that they practically grew from his fingers.

Alexandre always worked according to his conviction that the hairstyle must fit the wearer's personality. Over time, he earned an outstanding reputation that extends far beyond France. In 1957, Alexandre de Paris opened his first salon on the prestigious Rue du Faubourg Saint Honoré. The luxurious interior crafted of marble and gold and ornamented with crystal chandeliers and cherry furniture was intended to suggest Versailles. His friend Jean Cocteau, the famous author, designer and film-maker, created the logo: a mysterious Sphinx, enthroned above the signature.

His schedule was bursting at the seams. Even Hollywood wanted to place itself in the hands of the man with the Clark Gable moustache and pomaded hair. Alexandre created the famous hairstyle for Liz Taylor when she starred in Cleopatra. He styled Audrey Hepburn, Tippi Hedren, Lauren Bacall, Greta Garbo and countless other Hollywood greats. He was constantly surrounded by the most beautiful and most desirable women of his time. But he had already lost his heart to Andreé Banaudi during the years of his apprenticeship in Cannes. He remained happily married to her until his death. Together, they had two children.

After the ladies of high society and film stars, Alexandre de Paris conquered the fashion houses. The entire battalion of French haute couture hired him as a consultant for photo shoots and fashion shows. He was there when Karl Lagerfeld made his debut at Chanel in 1983 and styled the models' hair at Yves Saint Laurent for 34 years.

In 1982, the doors were opened for a new, modern design showroom in the Rue Matignon, near the Champs-Élysées. Together with his wife Andrée and his children, he lives in a large apartment in the same building. This is where the ideas for his imaginative hairstyles come to life on paper. He loves to be inspired by the nature of the event that his client will be attending or by the dress she'll be wearing. The brisk strokes of his hand-drawn sketches are as lively as the lines of his hairstyles. Some of the most beautiful drawings are owned by the Grimaldi family, as Alexandre was responsible for designing Princess Grace's most elegant hairdos. The sketches were exhibited to the public for the first time in 2007 as part of an exhibition in honour of the prematurely deceased Grace Kelly, wife of Prince Rainier of Monaco.

Alexandre de Paris considered clean and, above all, healthy hair to be the most important requirement for a good look. He advised his clients to change their shampoo every two months, since their hair would benefit from the change. He also held unswervingly to the myth of one hundred brush strokes before bed. This special nobility of yesteryear still exerts its fascination on viewers of old photographs featuring the hair virtuoso's creations. Alexandre de Paris knew how to transform styling hair into a work of art.

In 1990, when he was 68 years old, the „Sphinx de la coiffure" retired and thenceforth would only pick up his hair-dryer and brush for his top clientèle friends or for superstars. Alexandre de Paris died in 2007 at the age of 85 in the town of Saint Tropez, where he was born.

Today, businessman Michel Dervyn manages the master's legacy. These include the salons in Paris and Brussels, a training academy and a day spa and beauty centre in Fairfax, USA. Moreover, there are two additional accessory boutiques in Paris and New York, as well as an online store in which exclusive and high-end hair jewellery, brushes and styling tools are sold under the brand name Alexandre de Paris

Alexandre de Paris significantly influenced international style trendsetters for decades, continuing to shape France's reputation as a country of fashion to this day: le chic parisien!

83

85

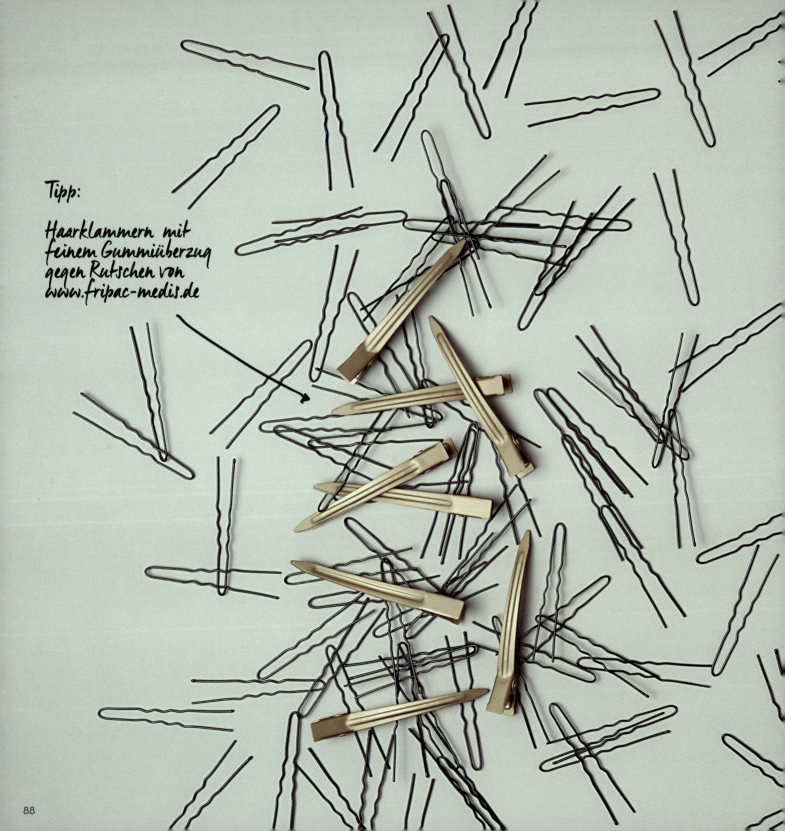

Perfekt für mehr Volumen, ohne schwer zu werden

infuses hair with weightless volume

Haarspray für leichten und veränderbaren Halt

creates light, workable hold

Haarpuder für bis zu 17% dickeres Haar

thickens hair up to 17%

Create with Style

Er ist ein (Wahl)Berliner. Cool, entspannt, lässig – soweit erfüllt Bastian Casaretto die Kriterien eines typischen Hauptstadt-Kreativen. Dass er eine steile Karriere als international gefragter Hairstylist gemacht hat und seit 2008 die Position des Aveda Artistic Director Deutschland, Österreich, Schweiz innehat, war allerdings nicht abzusehen, als er bereits mit 15 Jahren seine Ausbildung zum Friseur begann. Nach erfolgreichem Abschluss ging Bastian nach London, um sich an der dortigen Vidal Sassoon Academy weiterzubilden. Anschließend war er für verschiedene Salons in der britischen Metropole tätig, bis er wieder zu Sassoon wechselte und dort acht Jahre als Creative Director blieb. Er war maßgeblich am Aufbau des Seminarsystems beteiligt und im Showbereich europaweit tätig. Nach einem Zwischenstopp bei Wella brachten ihn sein Talent und seine langjährige Erfahrung schließlich zu Aveda. Dort fließen seine Ideen und Visionen in die Philosophie und die kreativen Prozesse der Marke ein. Wichtige Inspirationen für ihn sind die Architektur und Museumsbesuche. Er sagt, dass er oft von einer Form fasziniert ist und dann darüber nachdenke, wie diese mit dem Material Haar umgesetzt werden kann. Trotz aller Verpflichtungen ist es ihm ein wichtiges Anliegen, auch im Salon zu arbeiten: „Man darf nie den Bezug zum Gast verlieren."
Bastian Casaretto ist ein charismatischer Bühnenakteur, der neue Impulse setzt. Außerdem repräsentiert er das internationale Unternehmen im deutschsprachigen Raum und unterstützt den Ausbau der Aveda Academy in Berlin.

He is a Berliner by choice: cool, relaxed, laid-back – to this extent Bastian Casaretto meets all the criteria of a typical city creative. But that he would shoot up the career ladder to become an internationally sought-after hairstylist, holding the position of Aveda Artistic Director for Germany, Austria, Switzerland since 2008 was surprising even for him when he started his education as a hairdresser at only fifteen. After successfully completing his training, Bastian went to London to pursue further training at the Vidal Sassoon Academy. Subsequently working for various different salons in the UK capital, he ultimately moved back to Sassoon, spending eight years there as Creative Director. He played a definitive part in shaping the seminar system, and worked in shows throughout Europe. After a short period with Wella, his talent and many years of experience finally drew him to Aveda. Here his ideas and vision flowed into the philosophy and creative processes of the brand. He is drawing much inspiration from architecture and visits to museums. Bastian says that he is often fascinated by a form, and will then reflect on how this could be created using hair as the material. Despite all his many commitments, it is also really important for him to work in the salon: "You must never lose touch with your clients."
Bastian Casaretto is a charismatic player on the big stage who inspires new ideas. He represents Aveda in the German-speaking countries and supports the expansion of the Aveda Academy in Berlin.

"For your overall look, your hair is more important than anything else. You can't just change it like you can an accessory."

BASTIAN CASARETTO

Create with Style

„Für den Gesamt-Look sind Haare wichtiger als alles andere. Man kann sie nicht mal einfach wechseln wie ein Accessoire."

AVEDA

Die Philosophie steckt im Namen

1978 in den USA gegründet, hat sich Aveda der Herstellung hochwirksamer, auf Pflanzen basierender Kosmetikprodukte verschrieben. Dazu gehören innovative Haar-, Gesichtspflege- und Körperpflege-Produkte, die von Kopf bis Fuß für Schönheit sorgen. Diese werden mit einzigartigen Wellness-Ritualen kombiniert. Der Name Aveda wurde ganz bewusst gewählt, denn das Unternehmen verbindet modernste wissenschaftliche Erkenntnisse mit der jahrtausendealten, traditionellen indischen Heilkunst Ayurveda. Dabei stehen im Styling-Bereich unsere Stylisten im Mittelpunkt, die die neusten Trends aus den internationalen Metropolen – wie New York, Berlin und Paris – in die Salons bringen.

Bei Aveda steht die Verbindung von Schönheit, Umwelt und Wohlbefinden an oberster Stelle. Deshalb engagiert sich Aveda seit der Gründung für die Umwelt. Aveda war beispielsweise das erste Kosmetikunternehmen, das in seiner Hauptproduktionsstätte mit 100 % Windenergie produziert. Aveda genießt das Vertrauen der Gäste weltweit. Die einzigartigen, erstklassigen Produkte sind in Department Stores, über 9.000 Friseursalons und Spas in über 30 Ländern sowie den Online-Shops erhältlich.

Its all in the Name

Founded in 1978 in Minneapolis, Aveda creates high performance, plant-based products for beauty professionals and consumers. Aveda innovates in botanical technologies, combining the principles of modern science and Ayurveda, the ancient healing art of India. Hence the name is wisely chosen. Aveda cares for the guest – as they call their clients – from scalp-to-soul with performance-driven hair, skin and body products. The unique formulas are created with respect for the Earth, and form a comprehensive range of ritual-based treatments for holistic beauty.

Throughout the years, Aveda has pioneered new benchmarks of environmental responsibility in beauty. It was the first privately-owned company to sign the Ceres Principles in 1989 - a nonprofit organization mobilizing business leadership on climate change, water scarcity and other sustainability challenges - and the first beauty company to manufacture with 100 % wind power in its primary manufacturing facility. Aveda was also the first beauty company to receive a Cradle To Cradle charter for its commitment to sustainable products, packaging and production. Since 1999, Aveda's annual "Earth Month" campaign, held each April, has raised more than $38 million to support environmental projects around the world.

Aveda is trusted by salon and spa professionals worldwide. Aveda products are available in Aveda Experience Centers and more than 9,000 professional hair salons and spas in more than 30 countries.

„AVEDA HAT SICH ZUM ZIEL GESETZT, SORGSAM UND RESPEKTVOLL MIT DER UMWELT UMZUGEHEN. DIESE PHILOSOPHIE KOMMT SOWOHL IN UNSEREN PRODUKTEN ALS AUCH IN UNSEREM BEMÜHEN UM DAS WOHLERGEHEN DER MITMENSCHEN ZUM AUSDRUCK. AVEDA WILL IM VERANTWORTUNGSBEWUSSTEN UMGANG MIT DER NATUR UND IHREN RESSOURCEN EINE FÜHRUNGSROLLE ÜBERNEHMEN – NICHT NUR IN DER WELT DER KOSMETIK, SONDERN AUCH ZUGUNSTEN DER WELT, IN DER WIR LEBEN."

HORST RECHELBACHER, GRÜNDER

KEMON

Qualität, Nachhaltigkeit und Stil

Jogurt, Honig, Leinsamen, Sonnenblumenkerne. Was sich wie die Zutatenliste eines Frühstücksmüslis liest, entpuppt sich als Inhaltsstoffe der Haarkosmetiklinien des italienischen Unternehmens Kemon. 1959 als Familienunternehmen gegründet, stetig gewachsen sowie bis heute von der Familie geführt, hat sich Kemon von Beginn an der Friseurexklusivität verschrieben. Als Farbspezialist hat das Unternehmen die erfolgreichen Farbsysteme Yo Color und Lunex sowie die Pflege- und Styling Serie And Kemon auf den internationalen Markt gebracht.

Umgeben von Olivenbäumen, erhebt sich der Hauptsitz der Firma in San Giustino auf den Hügeln des oberen Tibertals. Streng ökologisch angebaut, wachsen hier Thymian neben Lavendel, Calendula und Dinkel. Viele Pflanzen für die natürlichen Inhaltsstoffe werden auf den eigenen, mehr als 20 Hektar großen Feldern angebaut.

Innovative Produkte im Einklang mit Natur und Umwelt. Diese Philosophie, gepaart mit italienischem Stil und Qualität, führte zu dem, was Kemon heute ist: Eines der führenden Unternehmen auf dem italienischen Markt und international in über 40 Ländern präsent.

Mit der erstklassigen Qualität der Produkte und einem vorbildlichen Aus- und Fortbildungsbereich verbindet Kemon die Flexibilität und Dynamik einer mittelständischen Struktur und eine menschengerechte Organisation, in der persönliche Kundenpflege hohe Priorität hat.
Ziel ist es, für den professionellen Friseur eine Inspirationsquelle für Stil, Innovation und Nachhaltigkeit zu sein.

Quality, Sustainability and Style

A 100% Italian company that is still led by the Nocentini family, who founded it in 1959, Kemon has been producing and distributing products, training and educating exclusively for the professional hairdresser for almost 50 years.

Using a variety of ecologically grown plants, many of them harvested from the company's vast fields in San Giustino in the heart of Umbria, Kemon has launched very successful hair color products such as the Yo Color and the Lunex System. In addition to that they produce the high performance hair care and -styling range And Kemon.

A modern research laboratory that continuously develops new products to satisfy the needs of professionals around the world, centralized production, quality certification standards, and a training sector that is in continual evolution: all these things make Kemon one of the leading companies on the international professional hair styling market. Kemon now has a presence in more than 40 countries around the world. This presence is expressing the company's desire to be the ambassador of highest quality and elegant Italian style.

In addition to its innovative products and services, Kemon offers the flexibility and dynamism of an agile structure, a human scale organization, in which personal relations are of prime importance and customer care is an objective that is pursued at every company level.

The ultimate goal is to be a source of inspiration for innovation and sustainability for professional hairdressers worldwide.

FRISUR À LA FONTANGES

Der Name der Herzogin von Fontanges ging durch einen verbrieften Vorgang in die Geschichte des französischen Königs Ludwig XIV. ein. Bei einem Jagdausflug löste sich ihr Haar. Sie nahm ihr Strumpfband und versuchte damit ihrer Frisur wieder Halt zu geben. Diese so entstandene Frisurform fand den besonderen Anklang des Königs und war bald bei Hofe die große Mode.

Abbé Verlot, ein Zeitgenosse, spottete: "Es war ein Kopfputz aus Leinwand, etwa von zwei Fuß Höhe, der sich in der Form von Orgelpfeifen auf einer Wulst aufbaute, die in das Haar hineingearbeitet wurde. Metallstäbe gaben diesen Gerüst Halt und Fasson. Eigentlich müssten die Damen sich von einem Schlosser frisieren lassen."

Das papillotierte Haar

Rückansicht der Frisur

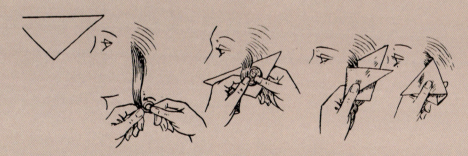

Das einrollen der seitlichen Papilotten

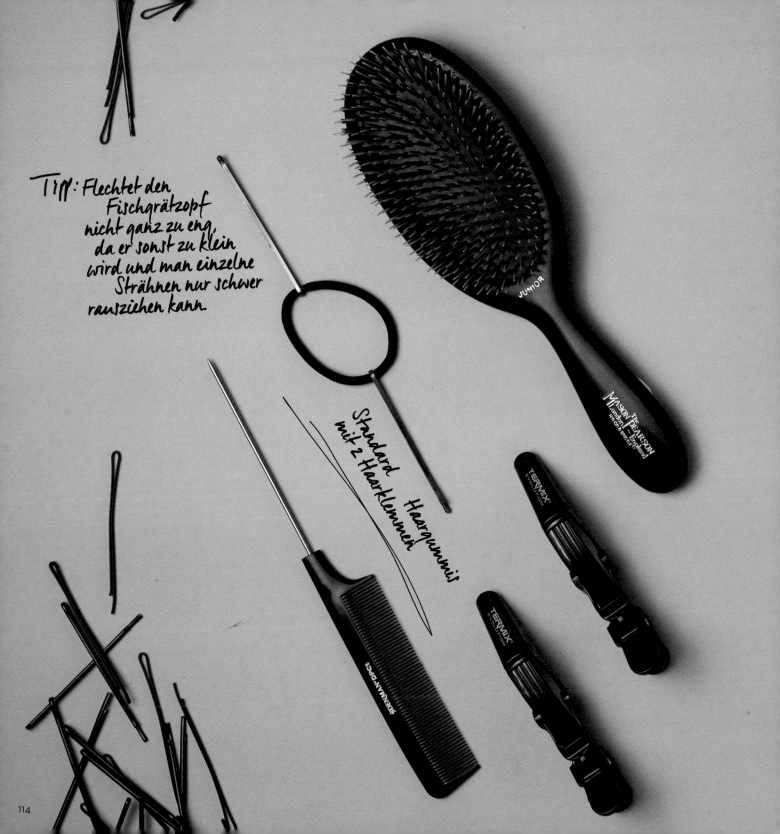

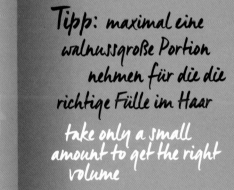

Tipp: maximal eine walnussgroße Portion nehmen für die die richtige Fülle im Haar

take only a small amount to get the right volume

Haarspray für dynamischen & natürlichen Halt.
hair spray for a natural dynamic hold

MARCUS BECKS

Wissen weitergeben

„Die Verwandlung
von langen Haaren in kreative
Steck- und Flechtfrisuren
ist aus meiner Arbeit als
Hairstylist und Trainer nicht
mehr wegzudenken.
Diese Arbeit bietet eine
enorme Vielfalt.
Ich möchte Typ und Look
immer wieder variieren – von
eleganten Wellenfrisuren bis
zu grafischen Linien:
Girlie, Dame oder Diva."

Kein junger Wilder mehr, sondern seit mehr als zehn Jahren fachlicher Leiter der Ausbildungspraxis in der privaten Friseurschule Harder in Duisburg. Trend- und Kreativseminare sind die Spezialität des passionierten Friseurs Marcus Becks. Seine persönliche Leidenschaft ist das Arbeiten mit langem Haar. Die vielfältigen Möglichkeiten, langes, üppiges Haar so zu gestalten, dass ein ganz neuer Look entsteht, faszinieren ihn. Vom lässigen Alltagslook bis hin zu avantgardistischen, komplizierten Hochsteckfrisuren – immer bedeutet für Marcus Becks „Hochstecken" das Formen von Haaren in völlig neuen Dimensionen.

Marcus Becks ist neben seiner Arbeit als Trainer immer in touch mit der Welt des Glamours und der roten Teppiche. Er wird gebucht, um als Stylist bei Fotoshootings und Events sein Können und seine Kreativität vor großer Kulisse zu zeigen. Er arbeitete für Esprit, Olympus, Germany's next Topmodel, die britische Night of the Proms. Darüber hinaus schreibt er Kolumnen und beantwortet Fragen rund ums Haar für verschiedene Hochglanzmagazine.

Seit drei Jahren ist er als Trainer im Bereich Hochsteckfrisuren für die Marke Glynt tätig. Sein großes Wissen und Können nicht nur in seiner Friseurschule, sondern auch in den immer ausgebuchten Seminaren an Hairstylisten in ganz Deutschland weiterzugeben, ist eine weitere Bereicherung seiner Arbeit.

Passing on knowledge

From 'new kid on the block' he went to Head of Department in vocational training at the private Harder School of Hairdressing in Duisburg. Trend workshops and creative seminars are the speciality of passionate hair stylist Marcus Becks. His personal favorite is working with long hair. The many different ways of styling long hair to create a completely new look fascinate him. From a casual everyday look through to the most challenging avant-garde updos – for Marcus Becks "putting hair up" always means styling hair in totally new dimensions. He conjures up individual and unique looks from the most varied hair lengths.

Alongside his training role, Marcus Becks always stays in touch with the world of glamour and the red carpet. He is booked to demonstrate his skill and creativity as the stylist at photoshoots and major events before a large audience. He has worked for Esprit, Olympus, Germany's next Topmodel, the Night of the Proms in the UK. And he also writes columns and answers questions on everything to do with hair for various glossy magazines.

For three years he has held the post of Trainer in long hair for the Glynt brand. He passes on his wide knowledge and great skill to hair stylists throughout Germany in seminars for the hair products' company which are always a sell-out. For Marcus Becks this particularly enhances his work.

"From my perspective as a hair stylist and trainer, the transformation of long hair into creative updos and braided styles offers enormous variety. What I love is constantly changing the look, from elegant waves to graphic lines: girly, dame or diva."

GLYNT

Glänzend im Geschäft

Glynt steht als Haarkosmetikmarke für die moderne Verbindung von Natur und Wissenschaft. Der ungewöhnliche Produktname Glynt leitet sich aus dem altdeutschen Wort für Glanz ab.

Hersteller ist die inhabergeführte Hans Conzen Kosmetik GmbH mit Hauptsitz in Tangstedt bei Hamburg. Die Rezepturen von Glynt verbinden die häufig einzigartigen Mechanismen botanischer Grundstoffe mit modernen Methoden zur Gewinnung und Entfaltung. Dabei ist der Respekt gegenüber der Umwelt Grundlage jeder Nutzung von Pflanzenwirkstoffen. Nur wenn die Wirkung eines Grundstoffes für Haar und Kopfhaut wissenschaftlich nachgewiesen ist, werden sie in den hochwirksamen Rezepturen eingesetzt.

„Wer Haar pflegen und gesund erhalten will, muss verstehen, was es braucht. Und das Produkt muss halten, was es verspricht, am besten sogar noch besser sein", so das Credo des Unternehmens. Um das zu garantieren, kommt dem Unternehmen zugute, dass es ursprünglich Medizinprodukte für Hautirritationen waren, die Gründer Hans Conzen entwickeln ließ. Dieses Knowhow hat die Firma seit 1978 auf den Haarkosmetikbereich ausgeweitet. Neben Pflegeprodukten und einem umfangreichen Stylingsortiment rundet das intelligente Colorationssystem die Serie ab. Erforscht und entwickelt werden die besonders hautverträglichen Rezepturen von einem Labor in der Schweiz.

Heute wird das Unternehmen in zweiter Generation von Stephan Conzen geleitet und vorangetrieben. Über 10.000 Topfriseure weltweit arbeiten mit den exklusiv beim Friseur erhältlichen Produkten und verkaufen sie für die Anwendung zuhause.

In the business of shine

As a hair care brand, Glynt stands for a modern combination of nature and science. The unusual product name Glynt comes from the old German word for shine.

The brand is manufactured by the owner-managed business Hans Conzen Kosmetik GmbH with its headquarters in Tangstedt near Hamburg. Glynt's recipes combine the often unique mechanisms of botanical raw materials with modern methods of accessing and developing these. Respect for the environment is the basis for using any active ingredients from plants. Only when the effectiveness of a basic raw material has been scientifically proven for hair and scalp is it included in the highly effective formulations.

"If you want to care for hair and keep it healthy, you have to understand what it needs. And the product must do what it promises, at best even exceed this" – is the company's philosophy. To guarantee this, the company benefits from having originally been founded by Hans Conzen to develop medical products for skin complaints. Since 1978 the company has expanded this know-how into the area of hair cosmetics. As well as hair care and a comprehensive range of styling products, the range is completed by the intelligent colouration system. The recipes, which are particularly kind to the skin, are researched and developed in a laboratory in Switzerland.

Today the company is managed and taken forward by second generation family member Stephan Conzen. Over 10,000 top hairstylists throughout the world work with his products, which can be obtained exclusively in salons, where they are also sold for use at home.

„DANKE, DASS ICH JEDEN TAG MIT DIR AUF DEINER BÜHNE STEHEN DARF. ES MACHT SO VIEL FREUDE, DEIN HELFER BEI DEN KREATIVSTEN LANGHAAR-LOOKS ZU SEIN, ZU ERLEBEN, WIE DU MIT MEINER HILFE IN WENIGEN MINUTEN DIE SCHÖNSTEN UPDOS ZAUBERST. UND WENN ICH DANN DAS STRAHLEN IN DEN GESICHTERN DEINER KUNDEN, DER GÄSTE BEI GROSSEN SHOWS SEHE, DANN WEISS ICH: TOLL, DASS ICH EIN LANGHAAR-PRODUKT GEWORDEN BIN."

MISTRAL
BUILD UP
SPRAY

timeless beauty

Look 9

Tipp:

Dieser Style funktioniert am besten mit etwas Bewegung oder Locken im Haar.
Bei langem, glattem Haar sollte vorher ein Haarband verwendet werden.
Haare leicht mit Föhnlotion anfeuchten, dann das Haarband auf den Kopf von der Stirn bis zum Nacken ("Indianer Look")
Danach holt man eine Strähne (ca. 3 cm) nach der anderen heraus und fädelt die Strähne immer wieder um das Haarband. So lange fortführen bis alle Strähnen auf das Band gewickelt sind. Dann mit Föhn oder Diffuser trocknen lassen. Wenn das Haarband weggezogen ist, liegt das Haar in tollen Locken und man kann mit der Frisur loslegen.

Haarspray ohne Treibgas verleiht starken und witterungsbeständigen Halt

---

Starke Klemmen ohne Knubbel am Ende. Die Knubbel lösen sich ab mit der Zeit und schädigen dann mit ihren scharfen Kanten das Haar

Gibt feinem und dünnem Haar spürbar mehr Fülle www.feinhaar.de

gives fine hair more volume
www.feinhaar.de

gives your hair strong, weather-proof hold for all styling techniques

Föhnlotion für starken Halt und gut wirksam gegen statische Aufladung des Haars

blow-dry lotion with anti-static effect

a special heat shield protects the hair up to 230 °C

Schutzspray, das die Haare vor Hitzeeinwirkung von bis zu 230 Grad schützt. Wichtig beim Arbeiten mit Glätteisen und Lockenstab

Invisibobbles Haarringe, die bei jeder Haarstärke gut halten, ohne Haarbruch zu verursachen.

Sucht man nach dem Zauberstab, findet man bei Denise Bredtmann Haarnadeln, Clips und Bürsten. Sie zaubert Hochsteckfrisuren der besonderen Art. Wo Extravaganz auf Natürlichkeit und Innovation auf Können trifft, leuchtet ihr Name auf. Bereits als junge Aushilfe im Salon ihrer Mutter verband sie alles, was mit Haar zu tun hatte, nicht mit Arbeit, sondern mit purem Vergnügen. Es ist ihr eine Herzensangelegenheit, Kundinnen, Mitarbeitern und vor allem ihre vielen Seminarteilnehmer mit Stil und Geduld in die Welt der hohen „Coiffure mit Coolness" einzuführen. Das Talent brachte sie mit, das große Können hat sie sich erarbeitet, und demonstriert es nunmehr in Perfektion.

In ihren zahlreichen Seminaren verbindet sie die Vermittlung von fundiertem Wissen mit zündender Inspiration. Als grandiose Entertainerin liefert sie eine Bühnenshow, bei der ihre Liebe zum Handwerk förmlich sicht- und greifbar wird. Denise versteht sich als „Updo-Coach", die nicht nur vorführt, sondern vor allem die Friseure selbst in Aktion bringen will. Sie sollen Leidenschaft und Expertise im Umgang mit langem Haar entwickeln und diese Kenntnisse dann im Salon als Dienstleistung anbieten.

Mit ihren beiden Büchern Dressed by Denise Bredtmann, Basics und Expert, erklärt sie ihre kreativen Frisuren rein visuell, ohne beschreibenden Text – von einfachen Looks bis hin zu Styles mit tieferem Griff in die Trickkiste.

Denise ist in der Realität da angekommen, wo sie sich als Kind schon in ihren Träumen sah. Der Erfolg ist verdient, das Konzept einzigartig und die Haarnadel in ihrem Logo keinesfalls Zufall.

The enchantress with a hairpin

You might be looking for a magic wand, but on a visit to Denise Bredtmann you'll simply find hairpins, clips and brushes. Wherever extravagance, ability and a simple naturalness meet, up crops Denise's name.

Even as a young assistant in her mother's salon, she associated everything hair-related with pure pleasure rather than work. For Bredtmann, introducing customers and seminar participants alike with style and patience to the world of high „coiffures with coolness" is a matter very dear to her heart. The talent is innate, but the high level of skill is something she has developed, and now demonstrates to perfection.

Nowadays she scatters her fairydust in numerous seminars, where she conveys a sound knowledge and infectious inspiration. A superb entertainer, she provides a stage show in which her passion for her ‚art' is literally visible and tangible. Denise sees herself as an „updo coach" who not only demonstrates methods, but who rather wants to stoke up the hairdressers themselves into action. They should develop a love for long hair and expertise in working with it. With her training, cool updos shall be a service offered more regularly in the daily salon business.

In her books Dressed by Denise Bredtmann, Basics and Expert, she explains her hairstyles in a purely visual way, without using any descriptive text. From simple styles to those that involve reaching further into the bag of tricks.

Denis Bredtmann has made her childhood dreams a reality. Her success is well-deserved, her concept unique, and the hairpin in her logo by no means coincidental.

„I interpret traditional knowledge about how to handle long hair in a new and modern way and pass it on to others. My hairdressing students shall become passionate long-hair pros, well inspired and motivated."

DENISE BREDTMANN

Die Zauberin mit der Haarnadel

„Ich interpretiere traditionelles Wissen über den Umgang mit langem Haar neu und gebe es weiter. Meine Friseurschüler werden zu leidenschaftlichen Langhaarprofis, inspiriert und motiviert."

TONDEO

Hightech meets Handwerk

Standort Solingen, Deutschland. Seit jeher die erste Adresse, wenn es um messerscharfe Klingen geht. Daher ist es keine Überraschung, dass von hier eine der internationalen Marken in Sachen Haarscheren und Haarschneidemaschinen stammt. Präzise Handarbeit, der Einsatz modernster Maschinen und Technologien, gepaart mit jahrelangem Knowhow und leidenschaftlichem Engagement, lassen bei Tondeo qualitativ hochwertige Produkte entstehen.

Die Geschichte der Marke Tondeo beginnt 1928 mit Gründung einer Rasierklingenfabrik und der 20 Jahre später folgenden Übernahme durch die Tondeo-Verkaufsgesellschaft. Die Produktpalette wird um Spezialhaarschneidegeräte und traditionelle Solinger Haarscheren erweitert. In den 70er-Jahren etabliert sich Tondeo dann endgültig zum Markenbegriff für Friseurscheren allerhöchster Qualität. Nachdem das Angebot mit Glätteisen, Haartrockner und Co fürs perfekte Frisurenfinish ergänzt wurde, ist Tondeo als Rundumversorger für die Friseursalons nicht mehr wegzudenken. Es sollen Produkte „von Profis für Profis" entstehen, die den Markt revolutionieren und die Arbeit zum Vergnügen machen. Aus diesem Grund wird die Meinung von Friseuren frühzeitig in die Entwicklung miteinbezogen.

„Tondeo schneidet. Tondeo stylt", so der Slogan des Unternehmens. Dies ist die Grundlage des weltweiten Erfolgs der Marke, die dem Friseur alles Wesentliche bietet, was er zur Erstellung seiner Dienstleistung benötigt.

High-tech meets hand-crafting

Solingen, Germany has always been the first port of call when it comes to razor-sharp blades. It therefore comes as no surprise that one of the internationally important brands of hairdressers' scissors and blades originates from this very place. Precise craftsmanship and the use of state-of-the-art machinery and technologies, coupled with years of experience and passionate commitment all lead to the creation of top quality products at Tondeo.

The story behind the brand began in 1928 with the establishment of a razor blade factory. Tondeo then definitively established itself as a unique brand of superior-quality hairdressing scissors when they began manufacturing their own scissors in the 1970s. Global importance was gained when Tondeo became part of Wella. After the product portfolio was rounded off with the addition of straighteners, hair dryers and various other products for the perfect finish, Tondeo became an indispensible all-round supplier for professional tools for hairdressers around the world.

Hair stylists' opinions are taken into account in the early development stages, therefore products are created „by professionals for professionals", revolutionising the market, and making light work of things.

„Tondeo cuts. Tondeo styles." is the brand slogan. This is the basis for the global success of Tondeo offering hair stylists all the essential tools and products of their craft.

TWISTEN – HABEN SIE DEN DREH RAUS?

Yvonne Seiler

Eine Technik die so simpel ist, kann man eigentlich kaum als Technik bezeichnen. Haare zu einer Kordel zu drehen ist weder schwierig, noch ein besonders kreativer Einfall. Da gedrehte Haare aber auch nicht ohne weiteres in dieser Position bleiben, ist Kreativität gefragt. Es gibt einige stylische Ideen rund ums Twisten, die einer Hochsteckfrisur das gewisse Extra geben können.

DER GETWISTETE ZOPF – SENEGALESE TWIST

Für den getwisteten Zopf das Haar in zwei Teile teilen. Den einen Teil dreimal nach rechts drehen, dann links über den anderen legen. Nun den anderen dreimal nach rechts twisten und wieder links über den anderen legen. Dieses Muster bis zu den Haarspitzen wiederholen. Mit einem Haargummi fixiert kann dieser Zopf sich nicht mehr Aufdrehen, da die Haare gegengleich verdreht sind.

Diese Technik stammt ursprünglich aus Senegal, wo die Menschen ihre gesamte Haarpracht in viele kleine getwistete Zöpfe verwandeln. Häufig werden zusätzlich Extensions eingedreht, damit die Zöpfe in den Spitzen nicht zu dünn werden. Das Einarbeiten der Haare geht bei dieser Technik recht einfach: die Strähnen müssen nur lange genug sein, dann wird die Mitte der Strähne genau an den Ansatz der abgeteilten Strähne gelegt, die beiden Seiten kommen zu den beiden Abteilungen und werden mitgedreht. Aufpassen muss man nur bei den Spitzen der eigenen Haare, falls die Extensions länger sind. Dafür empfiehlt es sich mit einer Stylingpaste zu arbeiten und die Spitzen sehr sorgfältig mit einzudrehen. Sollten sie noch herausstehen den Zopf noch einmal ein Stück aufmachen und den Twist wiederholen, bis die Spitzen verschwunden sind.

Neben dieser Variante gibt es noch zahlreiche Frisuren mit getwisteten Zöpfen. Hier ein paar Anregungen:

DER KRONEN-TWIST

Um den Look einer Krone zu twisten, beginnt man am rechten Ohr mit einer Abteilung und halbiert diese. Die Strähne in der Kontur, also beim Gesicht, wird nach rechts gedreht und links über die Hintere gelegt. Ab der zweiten Strähne werden vor dem Drehen von der Kontur Haare aufgenommen, wie beim französischen Flechten. Es werden jedoch nur von der Kontursseite, also beim Gesicht oder Nacken, Haare mitgenommen, von der anderen Seite nicht. Man twistet in Richtung Stirn zum linken Ohr, dann einmal komplett um den Kopf herum. Immer Haare von der Kontur dazunehmen, nach rechts drehen und links herum über die andere Strähne legen. Dann zu dieser wieder Haare dazunehmen, nach rechts drehen,...
Wenn man die letzten Haare vom Kopf aufnimmt, ist es wichtig mit sehr viel Spannung zu arbeiten, damit sich die Krone später nicht löst. Bis in die Spitze wird normal getwistet, ohne weitere Zunahmen. Nun wird alles zu einer Art Krone festgesteckt, die Spitzen werden unter den Kordeln versteckt.

DER BLUMEN-TWIST

Rollt man einen getwisteten Zopf mit der Spitze beginnend ein, so entsteht ein hübsches Blütenmuster. Je nach gewünschter Größe können auch mehrere Zöpfe aufgerollt werden. Eine solche Blume kann beispielsweise im Nacken als eine Art Dutt oder als Dekoration eines Zopfbands eingesetzt werden.

DER MUSCHEL-TWIST

Um Muschel- oder Schnecken-ähnliche Formen zu kreieren, geht man fast vor, wie beim Blumen-Twist, nur dass als Basis kein ineinander getwisteter Zopf, sondern nur eine getwistete Strähne genommen wird. Die Strähne wird gedreht und dann direkt zu einer Art Schnecke aufgerollt und mit Bobby Pins festgesteckt. Am besten wirkt diese Technik, wenn mehrere solche Muscheln nebeneinander gesteckt werden.

DER BOHEMIAN TWIST

Die Idee liegt auf der Hand: wie beim Flechten, kann auch beim Twisten auf die französische Art, direkt am Kopf mit Zunahmen gearbeitet werden. Nachdem im Englischen der Name „French Twist" bereits für die Banane vergeben ist, heißt die Technik „Bohemian Twist". Bei dieser Technik spart man sich die Drehung der einzelnen Strähne. Es werden zwei Abteilungen gemacht, übereinander gekreuzt, dann auf beiden Seiten Haare dazu genommen, übereinander gekreuzt,...

CORNROWS – MUSTER WIE EINE MAISREIHE

Dieses Muster erinnert an einen Maiskolben, da sind die Maiskörner auch in geraden Reihen nebeneinander angeordnet. Ebenso werden die Abteilungen für „Cornrows" meist gemacht. Es gibt zwei Wege um ans Ziel zu kommen:

GEDREHTE CORNROWS

Erst die Reihe sauber abteilen, dann die Haare von der Stirn bis zum Wirbel twisten. Um zu verhindern, dass die Haare sich wieder ausdrehen, ist sauberes wegstecken wichtig. Dafür die Schiebespange zuerst von der Seite befestigen, in die die Haare sich wegdrehen würden. Dann eine zweite Bobby Pin über Kreuz darüber schieben.

GEKNOTETE CORNROWS

Haare wie für die gedrehten Cornrows in gerade Reihen abteilen. Eine gesamte Reihe in die Hand nehmen, in der Mitte in zwei Teile teilen. Jetzt das rechte Passé dreimal von oben um das linke herum schlingen, wie man es für einen Knoten einmal tut. Im Anschluss den linken Teil zweimal um den rechten schlingen. Durch Ziehen an den Enden, wie man einen Knoten festzieht, entsteht auf der Kopfhaut ein Röllchen, das ähnlich aussieht, wie die gedrehten Cornrows. Der Vorteil ist, dass diese Variante sehr viel besser hält.

Mit den Strähnen, die vorne ins Gesicht fallen, kann man eine Webtechnik machen, als würde man einen Korb flechten. Dafür mit der Strähne neben dem Scheitel beginnen, über die daneben, unter die nächste, über, unter,... Die Strähne daneben macht darunter gegengleich weiter. Alle Strähnen so verarbeiten und seitlich feststecken. Zum Öffnen der Cornrows mit dem Stielkamm in die Mitte der Röllchen fahren und sanft anheben. Leichtes Schwingen von rechts nach links hilft beim Lösen, irgendwann lassen sie sich ganz einfach wieder aufziehen.

TWISTING – HAVE YOU GOT THE HANG OF IT?

Yvonne Seiler

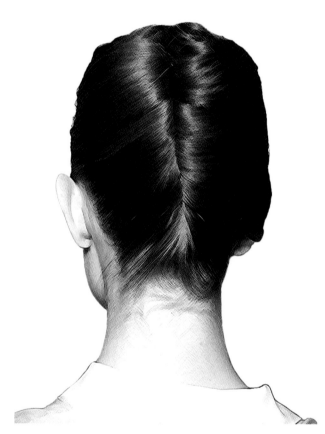

A technique that's so simple, it almost doesn't qualify as a technique. Twisting hair into a cord-like shape is neither difficult nor a particularly creative concept. But as the hair won't stay in this position on its own, this is where creativity is required. There are a number of stylistic ideas involving twisting that can lead to an updo with a little extra flair.

THE SENEGALESE TWIST

For the Senegalese twist, divide the hair into two sections. Twist one section three times around the other, towards the right, and then lay it to the left over the other section. Now twist the other section three times to the right, and lay it to the left over the other. Repeat these steps all the way to the ends of the hair. When fixed with a hair elastic, the strands can't untwist themselves, as the two sections of hair are counter-twisted around one another.

This technique originally comes from Senegal, where a popular style is to twist all of the hair into small braids. Extensions are often twisted in, so that the braids don't become too thin at the ends. Incorporating extensions into the hair using this technique is really easy; the extension just has to be long enough so that the middle of it can sit right at the root of the two opposing sections of your own hair. This is so that both halves of the extension can be incorporated into your two sections of hair, by twisting them in. You just need to be careful when you get to the ends of your own hair, when the extensions are longer. It is recommended that a styling paste is used here, and that the ends are very carefully twisted in. If they still stick out, undo the braid a little and repeat the twist, until the ends disappear.

In addition to this option, there are a wide variety of other hair styles with twisted braids. Here are a few ideas:

THE CROWN TWIST

To twist your hair into a 'crown', take a section of hair by your right ear, and divide it in half. Take the section nearest to your face, twist it to the right, and then place it over the other section. Bring in more hair to the second section, just as you would in a French plait, before twisting it. Hair is only added, however, from the lower side - i.e. the side nearest the face, or the neck - not from the other side. Twist all the way from the forehead round to the left ear, then completely round the whole head. Always take hair from the lower side, twist it to the right, and place it over the other strand. Then add more hair to this second strand, twist it to the right, etc. When you get to the last bit of loose hair, it's important to work with a lot of tension, so that the crown doesn't fall out later. Usually you can twist right up to the ends, when there is no more hair to add. Now pin the crown shape in place, and hide the ends under the twists.

THE FLOWER TWIST

Take a twisted braid, and starting with the end, begin to make a flat roll, so that you get a pretty flower shape. Depending on the desired size, you can roll several braids together. A 'flower' like this can be created at the nape of the neck as a type of bun, or added as a decoration on top of a hair elastic.

THE SEASHELL TWIST

To create the shape of a seashell or snail, you follow almost the same steps as the Flower Twist, but this time simply using a twisted section as the basis of the roll, not a twisted braid. The section is twisted and then formed directly into the shape of a snail, and fixed with hair grips. This technique works best when a few of these 'seashells' are fixed in place next to one another.

THE BOHEMIAN TWIST

The idea is simple: just like with plaiting, you can also twist the hair into a French style; close to the head, with hair continually added in. Since the name "French Twist" is already used for a banana-style updo, this technique is called the "Bohemian Twist". For this technique, you don't have to twist the individual sections. Two sections of hair are taken, crossed over one another, with hair then added to both sides, which are then crossed over each other once again...

CORNROWS

This style looks a bit like the pattern on corn on the cob, because the sweet corn kernels lie in straight rows, side by side. The sections for „cornrows" are usually arranged in a similar way. There are two ways to achieve this:

TWISTED CORNROWS

Firstly, a row is cleanly sectioned off, then the hair close to the forehead is twisted tightly. In order to stop the hair unravelling, it's important to tuck it away tidily. To do this, firstly fasten in a hair grip from the direction in which the hair would unravel. Then put in a second hair grip, crossing it over the first.

KNOTTED CORNROWS

Just as with the twisted cornrows, divide the hair into straight rows. Take a whole row of hair in your hand, and separate it into two sections in the middle. Now loop the right-hand one three times from the top around the left one, just as you would to make a knot. To complete it, loop the left section twice round the right-hand one. By pulling the ends, as you would with a knot, a little roll is formed at the scalp, which looks similar to the twisted cornrows. The advantage is that this version is far more secure.

With the sections that fall forward over the face, you can use a 'web' technique, as if you were weaving a basket. To do this, begin with the strand next to the parting. Pass it over the next, under the next, over, under etc. With the section next to it, repeat the process, going in the opposite direction. Incorporate all of the sections in this way, and pin them from the side.

To undo the cornrows, use a steel comb, pushing it into the middle of the roll and gently pulling. Swinging it a little from side to side helps to undo them; eventually you will be able to pull them out quite easily.

Haarlack für starken Halt, ohne Rückstände

strong hold hairspray, without residues

Volumenpuder für mehr Fülle und Grip

volumising hair powder

Denman Bürste mit abnehmbaren Gummikissen

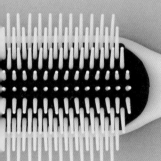

Tipp: Die Verwendung von von spiralförmigen Haargummis erleichtert es, Strähnen oder einzelne Partien dekorativ herauszuzupfen, ohne dass die gesamte Frisur locker wird

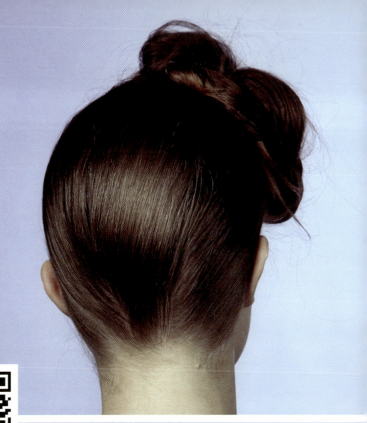

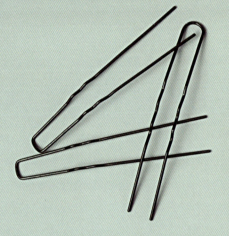

Mason Pearson, die Königin der Bürsten, Erfinder der Pneumatikbürtse im Jahre 1885

all tools www.fripac-medis.de

Zopfhaken

Tipp:

Haargummis vom Reitsport (Mähne einflechten) oder Kieferorthopäden verwenden, da die belastbarer sind als normale

BERTRAM K

Beobachtung, Gespür und Individualität

„Wenn die Menschen
zu mir kommen,
dann erzählen mir
ihre Haare eine Geschichte
und es liegt an mir,
aus dieser Geschichte
eine erfolgreiche zu machen."

Observation, intuition and individuality

For Bertram K, cutting hair is both a vocation and a passion. As soon as he picks up his scissors, people are simply supposed to feel great.

He pursues his ideas intuitively, because for him, developing the perfect shape comes from within; it has nothing to do with copying external images – like a dressmaker would follow a pattern. "The hairdresser's most important organ is the eye. I like to let people sit for a little while, and I observe them. If I don't know how they relate to their hair, I can't do my job. I am a voyeur."

Alongside this careful observation, extensive travelling and international experience have also left a lasting impression on Bertram. In 1995, he worked his way up to Art Director at Toni & Guy in London within two years, styling the hair of celebrities such as Donna Karen, Jamie Lee Curtis and Kim Wilde. His hair styles were exhibited at fashion shows by top models such as Nadja Auermann, Kate Moss and Alec Wek. The high flyer from Vienna has also worked for various TV stations and all of the major magazines.

When Bertram K returned to Austria in 2003, he opened his own salon in Vienna under the motto "Minimal effort, maximum effect". For the hair stylist this is both his "creative laboratory" and his workshop. Soon L'Oréal Professionnel asked him to become a representative and international ambassador for the French corporate group. He also holds seminars worldwide, where he teaches the participants about the element that for him is the key ingredient in a successful haircut: an instinctual understanding of people and their story. The right shape is something – he is entirely convinced – you cannot learn in the same way you would learn a technique.

"When people come to me, their hair tells me a story. It's up to me to create a successful style from this story."

Haare schneiden ist für Bertram K Berufung und Leidenschaft zugleich. Wenn er die Schere in die Hand nimmt, soll sich der Mensch sofort gut fühlen.

Intuitiv folgt er seinen Vorstellungen, denn die perfekte Form zu erarbeiten, ist für ihn ein innerer Akt, der nichts damit zu tun hat, von außen suggerierte Bilder wie ein Schnittmuster zu kopieren. „Das wichtigste Organ eines Friseurs sind die Augen. Ich lasse die Leute gerne ein bisschen sitzen und beobachte sie dabei. Wenn ich nicht weiß, wie sie mit ihren Haaren umgehen, kann ich meine Arbeit nicht machen. Ich bin ein Voyeur."

Nicht nur die aufmerksame Beobachtung, sondern auch zahlreiche Reisen und internationale Erfahrung haben Bertram geprägt. 1995 steigt er bei Tony & Guy in London binnen zwei Jahren zum Art Director auf und stylte prominente Köpfe wie Donna Karan, Jamie Lee Curtis und Kim Wilde. Bei Fashionshows werden seine Hairdos von Topmodels wie Nadja Auermann, Kate Moss und Alec Wek präsentiert. Der Shootingstar aus Wien arbeitete außerdem für zahlreiche TV-Sender und alle wichtigen Magazine.

Als Bertram K 2003 nach Österreich zurückkehrt, eröffnet er unter dem Motto „Minimaler Aufwand, maximaler Effekt" einen Salon in Wien, der für ihn Kreativlabor und Werkstatt ist. L'Oréal Professionnel Österreich wird auf ihn aufmerksam, seitdem ist er für den französischen Konzern als Akteur und internationaler Botschafter aktiv. Außerdem hält er weltweit Seminare, in denen er den Teilnehmern das für ihn wichtigste Element eines gelungenen Haarschnitts vermittelt: Das Gespür für Menschen und ihre Geschichte. Daraus entsteht das Gefühl für die richtige Form, denn die, davon ist er überzeugt, kann man nicht so einfach erlernen wie die Technik.

BIEDERMEIER

Die Zeit des Biedermeiers ist für den deutschen Friseur insofern ein Merkstein, als in dieser Zeit erstmalig eine deutsche Mode anerkannt wurde, nachdem bis dahin der Süden (Italien) und später der Westen (Spanien, Frankreich) die Modezentren waren, wonach sich alle anspruchsvollen Damen und Herrn richteten. Berliner, noch mehr aber Wiener Moden verschafften sich Geltung.

Im Jahre 1827 hielt die erste Giraffe ihren Einzug in Paris, und flugs hatten die Friseure eine Frisur á la Giraffe ausgeklügelt.
Es war eine Frisur mit besonders hoher Mittelpartie, ähnlich den Haarschleifen der deutschen Biedermeierfrisur.

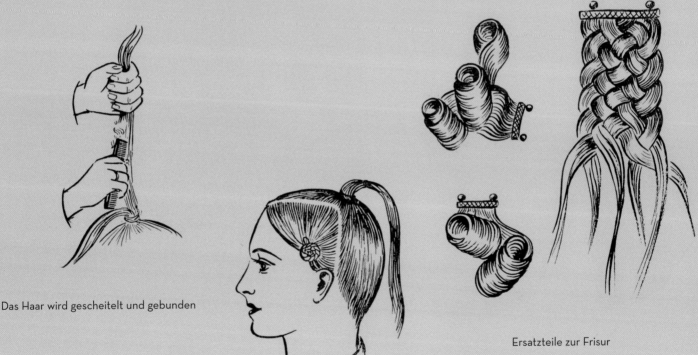

Das Haar wird gescheitelt und gebunden

Der Wirbelbund wird zu Schleifen Frisiert

Ersatzteile zur Frisur

Look 12

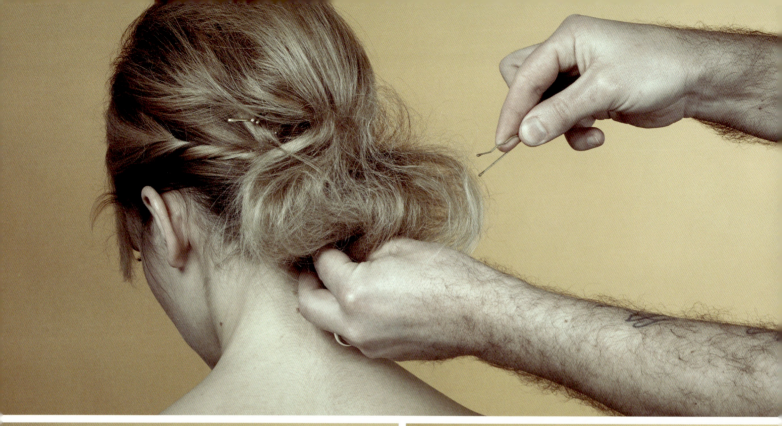

Tipp: in den Haargummi 2 Haarklemmen einhängen, speziell bei dünnem Haar hält der Pferdeschwanz besser

Volumenschaum für mittleren bis starken Halt.
volume mousse for medium to strong hold

Haarspray für natürlichen und dynamischen Halt
hair spray for a natural dynamic hold

all tools www.fripac-medis.de

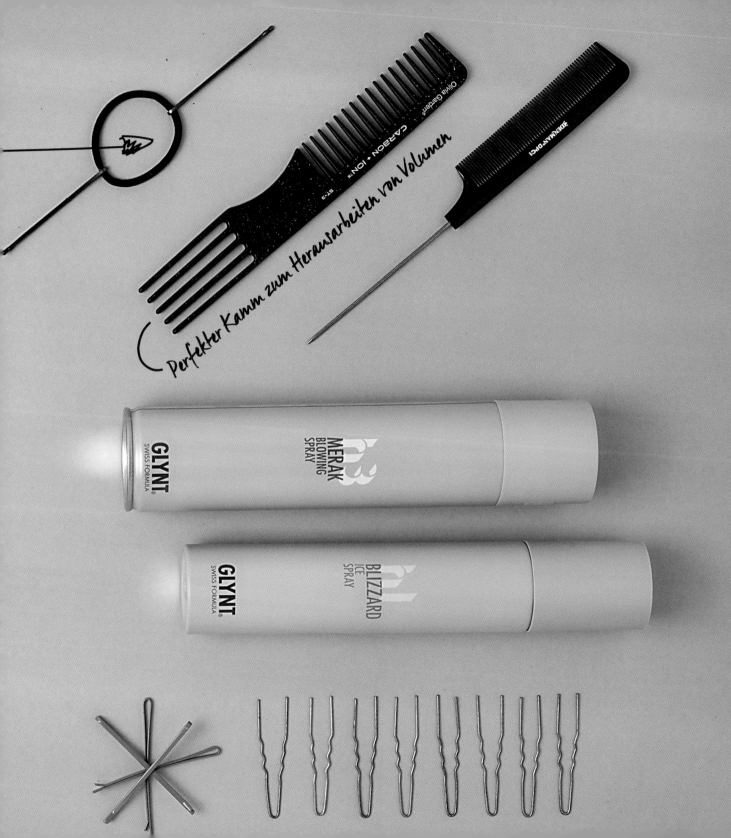

Look 13

Aufbauender Volumen Schaum
strengthening volume mousse

Kraftvoller Haarlack zum Formen und Fixieren
powerful hair lacquer

TOUPAGE

Schönheit ist oft eine Frage der Fülle. Jedenfalls dann, wenn es um Haare geht.

Wen es interessiert, warum das Toupieren so gut funktioniert, der sollte sich die Haare mal unter dem Mikroskop anschauen. In der Vergrößerung sieht die Oberfläche eines einzelnen Haares wie die eines Tannenzapfens aus: Sie besteht aus unzähligen Keratinschüppchen, die fest übereinander liegen. Beim Toupieren wird das Haar mit Kamm oder Bürste gegen die Wuchsrichtung geschoben, wodurch sich die Schuppen des Haares aufstellen und ineinander verhaken. Dadurch vergrößert sich die Oberfläche und zwischen den einzelnen Haaren befindet sich mehr Luft. Unter dem Mikroskop betrachtet, wird aber auch schnell klar, dass man nicht jeden Tag toupieren und den strapazierten Haaren ab und an eine Pflege gönnen sollte, die die aufgestellten Keratinschüppchen wieder glättet.

Eine klassische, aber sehr effektive Technik für luftiges Volumen ist das Toupieren. Prinzipiell geht es dabei immer gegen den Strich, also gegen die Wuchs- oder Fallrichtung.

Für die Ansatztoupage wird eine Strähne an der Spitze hochgehalten, die schmale Toupierbürste oder der Stielkamm ein paar Zentimeter über dem Ansatz ins Haar geschoben und gegen die Wuchsrichtung heruntergezogen. Dies wird so oft wiederholt, bis das Haar etwas filzig wirkt. Dann die nächste Strähne abteilen und das Ganze von vorn. Man arbeitet sich vom Nacken nach oben vor. Das Deckhaar wird nicht toupiert, sondern vorher hochgenommen und aus dem Weg geklippt. Nachdem die Toupage beendet ist, wird es anschließend glatt über das aufgebauschte Kunstwerk gekämmt. Das geht auch hervorragend mit einer weichen Naturbürste. Mit Haarspray gut fixieren und dabei einen Mindestabstand von etwa zwanzig Zentimetern einhalten, damit das Haar nicht zu nass wird. Auf diese Weise entsteht bei offenen Haaren ein voluminöser Effekt.

Diese Technik ist die Grundlage jeder Hochsteckfrisur. Das toupierte Haar ist sozusagen das Gerüst der Frisur. Mit dem so vorbereiteten Haar lässt sich von der klassischen „Banane" bis hin zum großen Aufbau jeder Frisurenwunsch erfüllen. Der Kreativität sind dabei keine Grenzen gesetzt.

BACKCOMBING

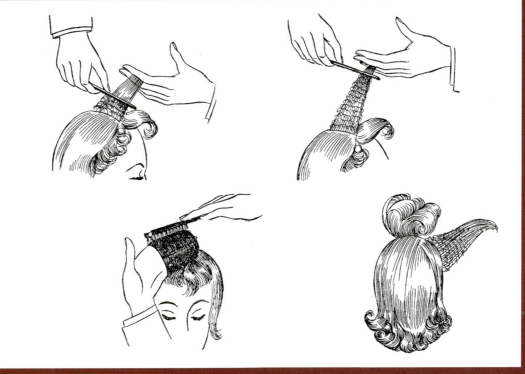

Beauty is often a matter of abundance. And this is certainly the case when it comes to hair! A classic, yet very effective technique for achieving light-weight volume is backcombing or teasing. In principle, this always goes against the grain, i.e. against the direction of hair growth or the way the hair falls.

To backcomb the hair at the roots, a section of hair is held up at the ends, and a narrow backcombing brush or teasing comb pushed into the hair a couple of centimetres above the root and pulled down against the direction of growth. This is repeated until the hair looks almost felt-like. Next, select another section, and start again. Work your way from the nape of the neck upwards. The hair on the top of the head should not be backcombed, but rather sectioned off beforehand, and clipped out of the way. After backcombing is completed, the upper hair that has been sectioned off is smoothly combed over the voluminous piece of art! A soft natural brush also works very well here. Fix the style in place using hairspray, spraying from a minimum distance of about fifteen centimetres, so that the hair doesn't become too wet.

This technique is the basis of every updo. Backcombed hair is really the 'scaffolding' of any hairstyle. With the hair prepared in this way, every creative urge of the hairstylist can be fulfilled - from the classic "banana" to larger structural creations. Creativity knows no bounds!

Those who are interested as to why backcombing works so well should take a look at the hair under a microscope. When magnified, the surface of a single hair looks like a pine cone, consisting of countless little keratin 'scales' that lie closely over one other. During backcombing, the comb or brush pushes the hair against the direction of hair growth, so that the scales on the hair stand up, and hook together. This increases the surface area and means that there is more air between the individual hairs. Viewed under a microscope, it also quickly becomes clear that you shouldn't backcomb hair every day, and that now and then the tired hair should be treated to a care product which smoothes the ruffled keratin scales back into place once again.

Look 14

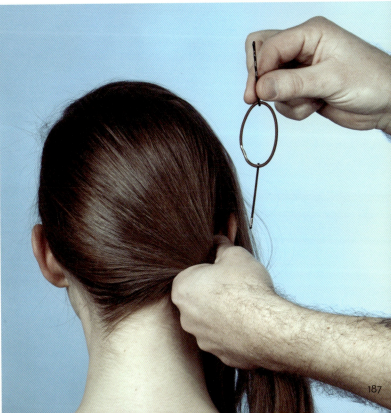

Thermoaktiver energiespendender Leave-in conditioner, der gleichzeitig schönes Volumen gibt
ernergy spray for elasticity and volume

Look 15

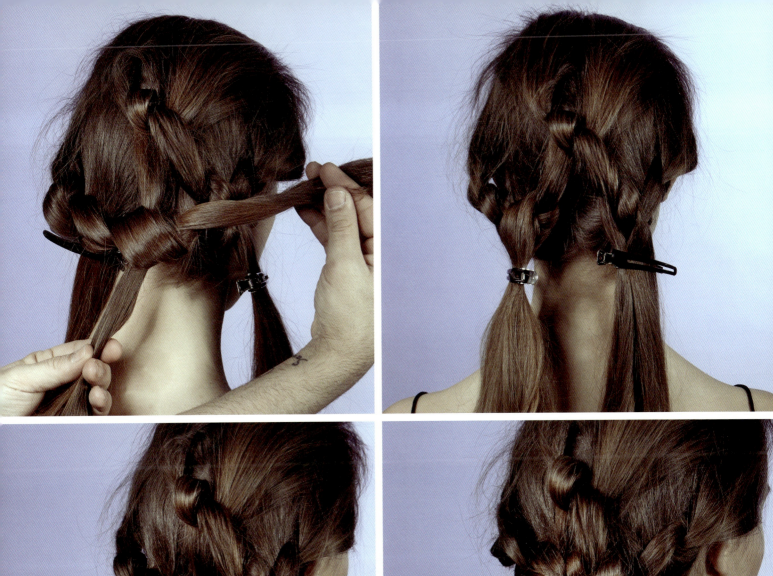

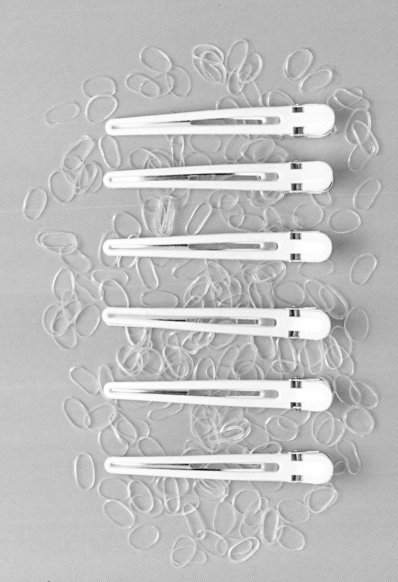

all tools www.fripac-medis.de

PATRICK CAMERON

Oliver Szilagyi und Susanne Kranz

Der Experte für langes Haar

OS/SK: Patrick, wann haben Sie als Hairstylist begonnen?
Patrick: Ich war fast 22, als ich begonnen habe, mich für Haare zu interessieren. Ganz schön spät. In der Schule habe ich mich für Kunst und Musik begeistert. Mit 17 habe ich angefangen, in einem Musikladen zu arbeiten. Da hat mich jemand entdeckt, der in der Dekorationsabteilung eines sehr großen Kaufhauses in Neuseeland arbeitete. Die suchten jemanden mit künstlerischem Talent. Ich hatte ein gutes Auge und handwerkliches Geschick und habe wunderbare Schaufensterauslagen und In-Store-Displays gemacht. Damals gab es noch keine Computer. Alles musste per Hand gemacht werden. Ich habe sogar einen Preis für meine Arbeit gewonnen, als ich dort arbeitete. Ich fuhlte mich sehr wohl und habe mich mit den Leuten bestens verstanden. Dann habe ich das alles aufgegeben, um Hairstylist zu werden.

OS/SK: Wie kam das denn?
Patrick: Aus reiner Neugierde habe ich eine Freundin, die in einem der Top-Salons Neuseelands arbeitete gefragt, ob es vielleicht Abendkurse gäbe, die ich besuchen könnte. Ich wollte „etwas mit Frisuren" machen, weil ich mich für alle schönen Dinge interessierte. Aber es war eine Überraschung, als mich die Managerin des Salons ein paar Tage später anrief und zu einem Vorstellungsgespräch einlud. Sie erzählte mir dann, dass sie die Bühnenarbeit gesehen hatte, die ich für ein Theaterstück gemacht hatte und wüsste, wer ich war. Und sie bot mir einen Job an. Ich war total überwältigt. Ich hatte die Schule ohne Abschluss verlassen und bekam einen Job in einem der besten Salons. Ich habe mich natürlich gleich in den Beruf verliebt. Aus dem schlechten High School-Schüler wurde einer der besten Coiffeure Neuseelands. Das zeigt doch, dass man mit ein wenig Glück, ein bisschen Liebe und ein wenig Entschlusskraft alles erreichen kann.

OS/SK: Haben Sie denn, als Sie im Salon anfingen, auch gelernt wie man schneidet und färbt?
Patrick: Ich glaube ich hatte immer schon eine Leidenschaft für langes Haar. Natürlich habe ich wie alle Coiffeure geschnitten und gefärbt, aber langes Haar war immer meine geheime Liebe. Ich war sehr erfolgreich mit meinen Haarschnitten; es gab Leute, die bis zu sechs Monate auf einen Termin bei mir warteten. Als ich 1997 nach England kam, habe ich auch in einem Top-Salon gearbeitet und da gemerkt, dass einige Leute doch Hilfe bei ihrer Arbeit mit langem Haar benötigten. Das hat meine Passion für langes Haar dann wieder neu entfacht.

OS/SK: Sie sind einer der bekanntesten Langhaar-Stylisten der Welt. Was meinen Sie, warum ist das so?
Patrick: Es gibt keinen Plan im Leben, das Leben geht seinen eigenen Weg. 1989 habe ich im Auftrag der Firma für die ich damals arbeitete eine große Coiffure-Show in London gemacht. Anstatt zu schneiden, habe ich Hochsteckfrisuren gemacht. Für mich war langes Haar einfach sinnlicher, es machte mehr Spaß. Am Ende der Show bekam ich „standing Ovations" vom Publikum. Ich werde nie vergessen wie jemand zu mir sagte: „Patrick, das ist deine wahre Passion. Du solltest deinem Herzen folgen." Denn vorher hatten mir immer alle gesagt, ich wäre verrückt und könnte nicht nur vom Hochstecken leben. Wissen Sie, was mein Geheimnis war? Ich war einer der wenigen Hairstylisten auf der Welt, der zum Publikum sprach, während ich auf der Bühne frisierte. Ich weiß das klingt merkwürdig, aber Ende der 80er Jahre redete niemand mit den Zuschauern. Man spielte laute Musik, frisierte und blieb stumm. Das Besondere an mir lag irgendwo zwischen meiner Persönlichkeit, dem Reden und meinem Handwerk.

OS/SK: Würden Sie auf der Bühne auch Haare schneiden oder färben?
Patrick: Niemals! Natürlich schneide ich gern, natürlich färbe ich auch gern. Aber wenn Sie zu einer Patrick-Cameron-Show gehen, bekommen Sie den authentischen Patrick Cameron zu sehen. Mit langem Haar kann ich zum Mond fliegen und wieder zurück.

OS/SK: Sie haben Ihren Kollektionen sehr schöne und aussagekräftige Namen gegeben. Es scheint, als müssten Sie nicht jede Saison eine neue ‚Trend'-Kollektion erfinden. Aber wenn Sie etwas Neues herausbringen, passt es immer nahtlos in das Patrick Cameron Universum von Schönheit und Stil.
Patrick: Sie haben den Nagel auf den Kopf getroffen. Langes Haar ist zeitlos, es strahlt immer Glamour und Eleganz aus. Meine Kollektionen waren vor 20 Jahren genauso gut komponiert wie heute. Zeitlose Looks andauernder Schönheit zu kreieren, das habe ich schon vor vielen Jahren verinnerlicht. Mein erstes Buch wird noch immer weltweit verkauft.

OS/SK: Können Sie uns beschreiben, wie Sie einen Look kreieren. Womit Sie beginnen, wenn Sie an einer neuen Kollektion arbeiten?
Patrick: Ich sammle meine Ideen in einer Art Tagebuch, da notiere ich alles. Dann vergesse ich es und lege es beiseite. Das mache ich ständig, wenn ich etwas sehe oder an etwas denke. So baue ich meine Kollektionen auf. Dann arbeitete ich das mit Marco Erbi aus, meinem Artistic Director. Wenn ich einen Look kreiere, schaffe ich auch eine Technik dafür. Diese Technik muss ich vermitteln, deshalb zeige ich sie auf einer DVD oder in Fotografien. Das bringt die Kreativität auf ein professionelles Geschäftsniveau.

OS/SK: Man könnte fast sagen, Ihre Kreativität ist eine Art „Perpetuum mobile", nicht wahr? Sie ist wie eine nie versiegende Quelle.
Patrick: Kreativität ist endlos, wenn man das nach draußen gibt, was die ganze Zeit schon in einem war. Ich glaube, es geht darum, abzugeben, was man weiß. Es geht darum, es zu teilen. Indem du das tust, schaffst du neuen Raum für Kreativität. Vergleichen wir es mit einem Glas Wasser – je mehr Wasser man ausschüttet, um so mehr passt wieder hinein. Ich glaube, wenn man „Kreativität" zu ernst nimmt, kann es beängstigend sein und man ist mental blockiert. Aber wenn man die Dinge entspannt angeht und geschehen lässt dann fließt es.

OS/SK: Warum haben Sie keine eigene Serie von Styling-Produkten herausgebracht?
Patrick: Ich habe oft darüber nachgedacht. Wenn ich eine eigene Marke hätte, wäre sie natürlich speziell für langes Haar. Und für lockiges Haar. Lockiges Haar liegt mir sehr am Herzen, ich glaube es ist das verkannteste Haar der Welt. Vielleicht kommt das irgendwann in der Zukunft.

OS/SK: Gibt es Lieblingsprodukte, auf die Sie immer wieder zurückgreifen?
Patrick: Ich mache viel mit Wella und arbeite seit vielen Jahren mit ihren Produkten. Auch andere Produkthersteller bieten mir oft an, mit ihnen zusammenzuarbeiten, aber ich bin ein Fan von Wella, weil sie sich wirklich unglaublich für Schulung und Weiterbildung engagieren. Für mich ist das eine tolle Geschäftsbeziehung, weil sie mich immer „Patrick Cameron" haben sein lassen. Sie haben mir nie gesagt: „Du musst dies oder jenes verkaufen." Wenn ich irgendwo auf der Welt eine Show mache, kümmert Wella sich um Model-Casting und Organisation. Sie haben mich wirklich sehr dabei unterstützt, zu dem zu werden, der ich heute bin.

OS/SK: Haben Sie ein paar Tipps, wie man zu Hause eine Hochsteckfrisur stylen kann?
Patrick: Ich würde jedem raten, sich von einem Friseur beraten zu lassen. Wenn Sie in einen Salon gehen, sollten Sie Fotos mitnehmen, etwas, das Ihnen gefällt. Unterhalten Sie sich mit Ihrem Stylist, lassen Sie ihn wissen, wer Sie sind. Wenn Sie das gemacht haben und sich dann zu Hause selbst frisieren, sollten Sie langsam und schrittweise vorgehen. Vielleicht fangen Sie mit einem einfachen Pferdeschwanz an. Wenn der sitzt, könnten Sie den Pferdeschwanz zum Beispiel locken. Versuchen Sie nicht, in einem Rutsch eine komplett neue Frisur zu entwerfen. Vielleicht versuchen Sie dann, das Haar in Partien abzuteilen: vorne das Haar hängen lassen und hinten zu einem Pferdeschwanz hochbinden. Bringen Sie es hinten in die gewünschte Form, und frisieren dann die vordere Partie über die hintere, um den Look zu vervollständigen. So wissen Sie was Sie tun, während Sie es tun.

OS/SK: Sie meinen, man sollte sein eigenes Haar kennenlernen!
Patrick: Ja, das ist wirklich wichtig. Man sollte experimentieren, mit seinem Haar spielen. Wenn man lockiges Haar hat, sollte man sich nicht davor fürchten, sondern fühlen, was die Locken alles tun können. Sie haben glattes Haar: Vielleicht möchten Sie es locken. Finden Sie heraus, was Sie alles tun können. Es gibt eine Menge Anleitungen auf YouTube.

OS/SK: Würden Sie professionellen Friseuren den gleichen Rat geben? Mir scheint, viele haben Angst, wirklich mit dem Haar zu arbeiten und Hochsteckfrisuren zu ihrem täglichen Geschäft zu machen.
Patrick: Viele Friseure die zu meinen Schulungen kommen, fürchten sich ein wenig vor langem Haar. Ich schätze, man kann sie in drei Kategorien einteilen, wenn es um langes Haar geht: Diejenigen, die nein sagen; diejenigen, die ganz gerne würden, aber den Weg dahin und den Prozess nicht genießen und schließlich diejenigen, die wirklich experimentieren und neue Dinge ausprobieren. Aber wenn man den ganzen Tag in einem Salon arbeitet ist es schwer, mit neuen Ideen aufzuwarten. Ich ermutige Friseure immer, etwas Neues zu lernen. Dafür sind wir – Lehrer, Trainer, Coaches – ja da. Es geht darum, Menschen zusammenzubringen, das, was man tut, ehrlich zu tun und Menschen zu ermutigen, an ihre Grenzen zu gehen und ihr Bestes zu geben.

OS/SK: Haben Sie vielen Dank, Patrick für dieses inspirierende Interview!

PATRICK CAMERON

Oliver Szilagyi and Susanne Kranz

The long hair expert

OS/SK: Patrick, when did you start hairdressing?
Patrick: I got into hairdressing when I was almost 22. Quite a late start. In school, art and music were my two passions. At seventeen I started to work in a music shop. And there I was discovered by someone who was working for a display department for a very big department store in New Zealand. They wanted someone with artistic talent. I had a good eye and a sense of craftsmanship and did wonderful window and in-store displays. Back than there where no computers. Everything had to be done by hand. I actually won a New Zealand award when I was working there. Things were really going well and the company loved me. And then I gave it all up to get into hairdressing.

OS/SK: So how come?
Patrick: Out of curiosity, I asked a friend of mine who worked in one of New Zealand's top salons, whether there were any evening classes that I could attend. I wanted to do "something with hair", because I was interested in all kind of beautiful things. Surprisingly enough I got a phone call a few days later, and the salon manager invited me to an interview. The manager told me then, that she seen the work I did for a staging of a play in the theatre and knew who I was. And she offered me a job. I was completely overwhelmed. I left school with no qualification and I ended up with a job at one of the top salons. Of course I fell in love with hairdressing. I went from a very low achievement student at high school to one of New Zealand's top achieving hairdressers. It shows you, that a little bit of luck, a little bit of love and a little bit of determination makes anything is possible.

OS/SK: When you started working at the salon, did you actually learn how to cut and color?
Patrick: I think my passion for long hair was always there. I must tell you a story. And of course, like all hairdressers, I was cutting and coloring, but long hair was always a passion. I was very successful and had people waiting for up to six months for their appointment with me. When I came to England in 1997 I was working in a top salon and realized that some people needed help with their long hair work. So my long hair passion picked up pace.

OS/SK: You are the one of the best-known stylists for long hair in the world. What do you think, why is that so?
Patrick: There is no plan in a life; our lives go their own way. Back in around 1989 I was doing a very big show in London for a company that I was working for. And I did long hair, instead of cutting. For me, long hair was more visual and more fun. At the end of the show the audience gave me a standing ovation. And I will never forget, when somebody said to me „Patrick, this is really your passion. And you should follow your heart". Because before that everybody was just telling me, that I would be crazy and that I couldn't live out of doing just long hair. You know what my secret was: I was one of the few hairdressers in the world who actually talked to the audience while doing hair on stage. I know that sounds strange, but way back in the 80s no one was speaking. They put loud music on, performed and remained silent. That was so special about me. It was between the personality, the talking and the craft. And above all, communication.

OS/SK: Would you do a haircut on stage or coloring hair?
Patrick: Absolutely not! Of course I love cutting, of course I love coloring. But when you come to a Patrick Cameron show, you will get the Patrick Cameron original. On long hair, I can fly to the moon and back.

OS/SK: You have very beautiful and telling names for your collections. It does seem that you don't have to come up with a new "trend" collection every season. But when you do come out with something new it fits seamlessly into the Patrick Cameron universe of beauty and style.
Patrick: You hit the nail on the head. Glamour and the elegance of long hair are timeless. When you look at my collections twenty years ago, they are just as well composed as they are today. Creating looks that are timeless and of lasting beauty is is something I took on board many years ago. My first book is still selling all over the world.

OS/SK: When you create the looks, how would you describe how you start working on a collection?
Patrick: To collect ideas I keep a diary, where I put everything in. Then I forget about it and put in away. I do this constantly when I see or I think of something. This is how I build my collections. And then I work it out with my Artistic Director Marco Erbi. When I come up with a look, I always come up with a technique as well. And I have to teach the technique, so I put in on DVD or on a photograph. This is taking creativity to a business level.

OS/SK: Can we say that your creativity is kind of a "perpetuum mobile"? It doesn't run out, it's like an endless source.
Patrick: Creativity is endless, if you give away what has already been in there all the time. You always know. But I think it is about giving away what you know, about sharing. And I think that is important, because by doing that, you create more room for creativity. If you compare it with a glass of water, the more water you put out, the more you can put in. I think if you care too much it can be frightening. And you will end up with a mental block. But if you just relax and let things happen, you can feel it.

OS/SK: Why didn't you come out with your own line of styling products?
Patrick: This is something that I have often thought about. Obviously, if I did have my own brand, it would be for long hair. And for curly hair, of course. Because I'm really passionate about curly hair, I think it is the most misunderstood hair. Maybe I could think of it in the future, but at this point, I do not have styling products. I have educational products though.

OS/SK: What are your favorite products you always get back to?
Patrick: I am very involved with Wella, and I have been using Wella for many years now. I am often asked by different product companies to go with them, but one of the reasons why I am such a fan of Wella, is that they have an amazing dedication to education. For me, it has been such a great relationship, because they always let me be "Patrick Cameron". They never say: „You must sell this or that". When I am doing a shows anywhere in the world, Wella casts the support and arranges everything. They helped me a great deal to be the person I am today.

OS/SK: Do you have some tips for doing an updo at home?
Patrick: My advice on any person on the street is to always go to your hair professional. When you go to a salon, take pictures with you, something that you like. Open up a dialogue and let the hairdresser know who you are. When you have done it and it comes to doing you own hair at home then design your hairstyle in small steps. The first step may be a simple ponytail. And once you have got the ponytail, you could for example curl the ponytail.

Don't try to create the big picture all at once. So what you may want to do then, is to section the hair, leave the hair in the front out, and pull up the hair of the back into a ponytail. Design what you want at the back, and then bring the front into the back to finish the look. This way you can tell what you are doing, as you are doing it.

OS/SK: You mean: get to know your hair!
Patrick: Yes, that's really important. Experiment, play with it. When you got curly your hair, don't be frightened. Feel what the curls can do. You have straight hair. Perhaps you want to do something with it, curl it for example. Find out what you can do. There are many amazing tutorials on YouTube. See what's there.

OS/SK: Would you give the same advice to professionals as well? I think many hairdressers are afraid to really work with the hair, to create updos as daily business.
Patrick: Many of the hairdressers who come to my academy are afraid of long hair. I would say they could be divided into three categories when it comes to long hair: those who say no, those who kind of do it, but don't enjoy the journey and the process and finally those few who really experiment and try new things. But it's hard when you work in the salon all day to come up with new ideas. But I always encourage hairdressers to really learn something new. That's what we - the teachers, trainers, coaches - are there for. It's about bringing people together, being honest about what you do and encourage people to go to their limits and give their very best.

OS/SK: Thank you so much, Patrick for that inspiring interview!

213

Valerie-Cecile Christ ist das neue Gesicht im KMS California Master Trainer Team. „Nur Haare schneiden" gibt es bei Valerie-Cecile nicht. Die Suche nach neuen Formen, das Umsetzen aktueller Trends und die ständige Weiterbildung sind für sie selbstverständlich. Es ist ihr wichtig, jedem ihrer Kunden ein typgerechtes „Unikat" auf den Kopf zu zaubern. Das setzt sie im elterlichen Salon Ortmann-Christ in Schwerin meisterlich um.

Die junge Friseurmeisterin aus Schwerin hat schon viel bewegt und noch mehr erreicht. Sie gewann bereits zweimal die Goldwell Color Zoom Challenge und kennt es, auf internationalen Bühnen zu stehen und zu performen. Die gefragte Mastertrainerin für KMS California ist viel unterwegs, aber wann immer sie Zeit findet, arbeitet sie im Salon. Der Kontakt zum Kunden sei ihr enorm wichtig, sagt sie. „Es geht in meinem Beruf nicht nur darum, auf möglichst vielen Bühnen zu stehen, zu reisen und Seminare zu geben. Ich brauche auch immer wieder meine ganz normalen Salonkunden. Die kann ich dann mit Schnitten, Farben und tollen Stylings wirklich glücklich machen."
Es geht Valerie-Cecile darum, den ganzen Menschen zu betrachten, Eigenheiten hervorzuheben und dem Charakter bereits durch die Frisur Ausdruck zu verleihen. Denn ein Look verrät auf den ersten Blick schon viel und Valerie-Cecile Christ will mit ihrer Arbeit als Hairstylistin die Frisur des Kunden erzählen lassen: immer eine ganz individuelle Geschichte.

Looking at the whole person

Valerie-Cecile Christ is the new face in the KMS California Master Trainer Team. "Just cutting hair" doesn't exist as a concept for Valerie-Cecile. Searching for new shapes, executing current trends and continuous professional development are a matter of course for her. It is important to her to conjure up a completely unique cut on the head of every client, one which perfectly suits them. And that is what she achieves so skilfully in her parents' Salon Ortmann-Christ in Schwerin.

This young master stylist from Schwerin has already achieved a lot. She has won the Goldwell Color Zoom Challenge twice, and knows how to stand and perform on international stages. This much sought-after Master Trainer for KMS California is on the move a lot, but whenever she finds time, she works in the salon. Contact with clients is enormously important to her, she says. "In my profession, it's not just about appearing on as many stages as possible, travelling and giving seminars. I still need my normal salon clients. They are the ones I can really make happy with cuts, colours and fantastic styles."
What Valerie-Cecile is about is looking at the whole person, emphasising certain features and giving expression to character in the hairstyle. Because your look reveals a lot about you even at first glance, and Valerie-Cecile Christ wants her work as hair stylist above all to tell the client's story: always a completely individual story.

VALERIE-CECILE CHRIST

Den ganzen Menschen betrachten

„Das Hochstecken bietet die Vielfalt aus langen Haaren neue dreidimensionale Strukturen und Formen zu erschaffen. I love it!"

KMS CALIFORNIA

Wir glauben an die Freiheit des Looks!

California Dreaming: Alles begann 1976, als der Biochemiker Jamey Mazzotta und seine Partner Kornfield und Smith den Grundstein für eine der erfolgreichsten amerikanischen Markengründungen in der Sparte Haarpflegeprodukte legten.
Inspiriert von der Individualität und dem Lifestyle der Westküste, galt Mazottas Leidenschaft dem Entwickeln von Haarpflegeprodukten, die das Haar mit einer Vielzahl wirksamer natürlicher Inhaltsstoffe versorgen sollten. Bereits die ersten Produkte wie die Serie „Flat Out", heute bekannt als „Freeshape", damals in simplen, weißen Flaschen, waren ein voller Erfolg. Mit „Curl Up" für üppige Locken kamen 1998 die ersten komplett aufeinander aufbauenden Produktlinien auf den Markt. Bis heute sind sie ein Dauerbrenner. Die berühmte KMS California „Molding Paste" war nicht sofort ein Hit, vielleicht war die Zeit noch nicht reif für matte Texturen, setzte sich aber dann durch und ist bis heute eine der Geheimwaffen internationaler Stylisten, wenn es um einen griffigen, volumigen Look geht.
Nachdem Kao die Marke KMS California übernommen hat, wurden alle Produktlinien überarbeitet. Ziel war: „Ein Look, eine Sprache, weltweit". Den endgültigen Signature-Look bekamen die knallbunten Produkte dann 2006. Alle Produkte transportierten jetzt die reichhaltigen Pflegestoffe mit dem innovativen KMS California eigenen Inside-Out-Perfecting System (IOPS). Heute gibt die erfolgreiche Designermarke allen mit auf den Weg: „Sei du selbst...denn schließlich ist es dein Style."

We believe in the freedom of style!

California Dreaming: Everything started in 1976 when biochemist Jamey Mazzotta and his partners Kornfield and Smith laid the foundations for one of the most successful American brand creations in the world of hair care products.
Inspired by the individuality and lifestyle of the West Coast, Mazotta poured his passion into the development of hair care products that would enrich the hair with a range of effective natural ingredients. The initial products, in simple, white bottles were a great success. The launch of „Flat Out"- the series for a sleek straight look, today known as "Freeshape", in 1998 was an amazing success. Today's successful product range „Curl Up" for lush curls, was the first fully progressive product line appearing on the market. They remain a firm favorite to this day. The famous KMS California „Molding Paste" was not an immediate hit; perhaps the day for matte textures had not yet dawned. It later began to really take off, however, and today is still one of the secret weapons of international stylists when it comes to an eye-catching, voluminous look.
After KMS California was acquired by Kao, all of the product lines were completely revised. The objective was „one look, one voice, worldwide." The vibrantly coloured products were then given their ultimate signature look in 2006. All products now convey the rich, nourishing ingredients with KMS California's innovative Inside-Out Perfecting System (IOPS). Today the vision of the successful designer brand spurs everyone on: „Be yourself ... after all, it's your style."

DANKE

Thank you

Mein herzlicher Dank gilt zuerst einmal GERHARD MERZEDER, einem großartigen Fotografen und guten Freund. Ohne ihn wäre dieses Projekt nicht zu realisieren gewesen. Er ist ein Mensch der Taten, der die Situation nicht unnötig kompliziert macht, sondern einfach anpackt und vieles ermöglicht hat.

Vielen Dank an MARIE JACOB und JULIA STRATHMANN, meine Art Directorinnen, die sich sehr kreativ der Grafik angenommen haben und größte Geduld bei der Einarbeitung der unzähligen Änderungen gezeigt haben (Wie schön, dass sie immer noch mit mir sprechen.).

Natürlich auch ein Dank an SUSANNE KRANZ, die nicht Haare, sondern Worte stylt. Jeder Text lief durch ihren Rechner. Ohne sie wäre dieses Buch ein schönes Bilderbuch geworden, aber so haben wir tolle Berichte und Geschichten.

Besten Dank an SABINA RETTENBACHER und EVELYN KARBACH, die beiden Beauty-Feen, die dafür gesorgt haben, dass unsere Models mit dem richtigen Make-up auch immer gut aussahen.

Ohne unsere Models hätten wir die Styles an uns selbst erstellen müssen und das wollten weder wir noch ihr sehen, deswegen auch ein Danke an LISA MARIE, SARAH, SINA, VIKA, JULIA, NATALIA, FLORIANE, MONIKA, ALEXANDRA, SOPHIA, MICHAELA, JANA, KLARA, KARIN, IVANA, MICHAELA UND SOPHIA.

Und natürlich an ihre Agenturen: EXIT MODEL MANAGEMENT, SP-MODELS, NEXT COMPANY, JAVA MODELS.

Bedanken möchte ich mich auch bei meinen Kunden, die das Projekt ermöglicht haben: AVEDA, FRIPAC-MEDIS, GLYNT, KAO GERMANY, KEMON, TONDEO.

Ohne meine Gast-Artists wäre das Buch nicht so bunt und abwechslungsreich geworden. Vielen Dank an meinen Bruder MARIO KRANKL, an BERTRAM K., DENISE BREDTMANN, MARCUS BECKS und BASTIAN CASARETTO für die tolle Arbeit.

Und ohne die Firma Canon, die uns ihre neue Kamera EOS 5D Mark III für das gesamte Projekt großzügig zur Verfügung gestellt hat, hätten wir nicht so tolle Fotos.

Canon

Besonders erwähnen möchte ich auch HEIDE DIETRICH, die seit Beginn meiner Karriere an mich geglaubt hat. Vielen Dank für die Chance!

Abschließend ist noch ein lieber Gedanke an meine verstorbenen Großeltern LUDWIG und HERMINE SZILAGYI zu richten. Die Einstellung zum Friseurberuf, Fachwissen, Erfahrung und Können - so vieles haben sie an mich weitergegeben. Ich profitiere noch immer davon.

Ich hoffe sehr, dass ich niemanden vergessen habe. Falls das aber so ist, seid mir nicht böse. An diesem Projekt waren viele beteiligt, die mich unterstützt haben, euch allen mein Dank.

Oliver Szilagyi

My sincere thanks go first of all to Gerhard Merzeder, a terrific photographer and good friend. Without him this project would not have happened. He is a man of action who never makes a situation unnecessarily complicated, but simply gets on with it, and has made many things possible.

Thank you to Marie Jacob and Julia Strathmann, my Art Directors, who have taken care of the graphics very creatively and shown the greatest patience in including the countless changes. (How lovely that they are still speaking to me!).

And, of course, thanks also to Susanne Kranz, who doesn't style hair but words. Every text has passed through her computer. Without her, this book would still have been full of great images, but now we have wonderful reports and storylines too.

Many thanks to Sabina Rettenbacher and Evelyn Karbach, our two beauty fairies, who ensured that our models always looked fantastic with the right make-up.

Without our models, we would have had to create the styles on ourselves, and neither we nor you would have wanted to see that, so "thank you" also to: Lisa Marie, Sara, Sina, Vika, Julia, Natalia, Floriane, Monika, Alexandra, Sophia, Michaela, Jana, Klara, Karin, Ivana, Michaela.

And, of course, to their agencies: Exit Model Management, SP-Models, Next Company, Java Models.

I would also like to thank my clients who made the project possible: Aveda, Fripac-Medis, Glynt, Kao Germany, Kemon, Tondeo.

Without my guest artists the book would be nowhere near as vivid and diverse as it is. Many thanks to my brother Mario Krankl, to Bertram K, Denise Bredtmann, Marcus Beck and Bastian Casaretto for their fantastic work.

And without Canon, who generously lent us their new camera EOS 5D Mark III for the whole project we would not have such beautiful photographs.

I would also particularly like to mention Heide Dietrich, who believed in me from the very start of my career - thank you for giving me the opportunity!

And finally I would like to thank my beloved grandparents Ludwig and Hermine Szilaygi, sadly now departed. My positive attitude to a career in hairdressing, specialist knowledge and skills - they passed on so much to me and I am still benefitting from it.

I really hope that I have not forgotten anyone. If I have, please don't hold it against me. So many people have been part of this project, and have given me their support, I would like to express my thanks to all of you.
Oliver Szilagyi

▶ video2hair

GROSSES KINO FÜR INNOVATIVE KÖPFE

alle step by step trainingsvideos zu diesem buch
online - über den qr-code oder unter
www.video2hair.com/promotion/theupdobook/de

38 euro

IMRESSUM

Imprint

©2015 Werkraum 33 UG
Germany - Austria

published and distributed by
Werkraum 33 UG
Metzstrasse 30
81667 München

info@thehigherthehairtheclosertojesus.com
www.thehigherthehairtheclosertojesus.com

publisher - Oliver Szilagyi
os@74mag.com

art direction - JACOB | REISCHEL
info@jacobreischel.com

editing - Susanne Kranz
sk@74mag.com

©photographs - Gerhard Merzeder, Oliver Szilagyi

printed in Austria
www.av-astoria.at

ISBN 978-3-945936-00-9

All rights reserved.
No part of this publication may be reproduced in any manner.